ELEMENTOS DE ANÁLISE
DO DISCURSO

ELEMENTOS DE ANÁLISE DO DISCURSO

JOSÉ LUIZ FIORIN

Copyright © 1989 José Luiz Fiorin
Copyright © 2005 José Luiz Fiorin

Todos os direitos desta edição reservados à
Editora Contexto (Editora Pinsky Ltda.)

Montagem de capa e diagramação
Gustavo S. Vilas Boas

Revisão
Luciana Salgado

Dados Internacionais de Catalogação na Publicação (CIP)
(Câmara Brasileira do Livro, SP, Brasil)

Fiorin, José Luiz.
Elementos de análise do discurso / José Luiz Fiorin.
15. ed., 7ª reimpressão. – São Paulo: Contexto, 2024.

Bibliografia
ISBN 978-85-7244-294-7

1. Análise do discurso. 2. Análise linguística. 3. Semântica
I. Título. II. Série.

88-1897   CDD-410

Índices para catálogo sistemático:
1. Análise do discurso : Linguística   410
2. Análise estrutural : Linguística   410
3. Análise semântica : Linguística   410
4. Discurso : Análise : Linguística   410

2024

EDITORA CONTEXTO
Diretor editorial: *Jaime Pinsky*

Rua Dr. José Elias, 520 – Alto da Lapa
05083-030 – São Paulo – SP
PABX: (11) 3832 5838
contato@editoracontexto.com.br
www.editoracontexto.com.br

Proibida a reprodução total ou parcial.
Os infratores serão processados na forma da lei.

SUMÁRIO

O autor no contexto 7

Introdução 9

Por que uma semântica do discurso? 13

Percurso gerativo de sentido 17

    Nível fundamental 21

    Nível narrativo 27

    Nível discursivo 41

    Nível da manifestação 44

Sintaxe discursiva 55

    Projeções da enunciação do enunciado 57

    Relações entre enunciador
    e enunciatário 75

Semântica discursiva..89

    Temas e figuras..90

    Percursos figurativos
    e percursos temáticos................................96

    Configurações discursivas................107

    Isotopia..112

    Metáfora e metonímia................118

    Modos de combinação
    das figuras e dos temas................120

Bibliografia..125

O AUTOR NO CONTEXTO

José Luiz Fiorin é de Birigui, estado de São Paulo. Pretendia estudar Direito no Largo São Francisco, mas os caminhos da vida prenderam-no no interior. Cursou Letras na Faculdade de Penápolis, tomando gosto pelo magistério. Lecionou em Penápolis, Piacatu, Birigui, Distrito de Roteiro, Guaraçaí e São Paulo. Das andanças pelo ensino lembra, bem-humorado, quase ter sido processado pela mãe de uma aluna por ter lido, em classe, um trecho de *A carne*. E lembra também de ter ensinado, no Distrito de Roteiro, região de imigrantes, Português a adultos, que até então só falavam Japonês.

Transferido para São Paulo por concurso, fez mestrado e doutorado em Linguística, na usp – Universidade de São Paulo. De 1980 a 1987 lecionou em Araraquara, na Faculdade de Ciências e Letras da Unesp – Universidade do Estado de São Paulo. Em 1983 fez pós-doutorado sob a supervisão do prof. Algirdas Julien Greimas, na École des Hautes Etudes en Sciences Sociales. No ano letivo de 1991 e 1992, ensinou Português na Universidade de Bucareste, na Romênia.

Além de artigos e capítulos de livros, escreveu, entre outros, as obras *O regime de 1964:* discurso e ideologia; *Linguagem e ideologia*; *As astúcias da enunciação:* as categorias de pessoa, espaço e tempo; *Para entender o texto:* leitura e redação; *Lições de texto:* leitura e redação (os dois últimos em parceria com Francisco Platão Savioli). Organizou, entre outros, os livros *Introdução à linguística. I. Objetos teóricos* e *Introdução à linguística. II. Princípios de análise*, ambos da Editora Contexto.

De 2000 a 2004, foi membro do Conselho Deliberativo do CNPq e, de 1995 a 1999, foi representante da área de Letras e Linguística na Capes.

A linguagem o atrai em todas as suas modalidades "desde a conversa com os amigos, de preferência num bar, acompanhada de cerveja ou de caipirinha" até o cinema, a literatura, o teatro. Adora romance policial, música popular e é palmeirense roxo, embora confesse que nos últimos anos o time o tenha brindado mais com decepções do que com alegrias.

Pensa ter chegado à idade do realismo, "em que se aprende a conviver com os limites". E acredita que isso é um problema de geração: "minha geração conviveu com a certeza da mudança e o desencanto com o que se chama o fim das utopias". Cita os versos de Alex Polaris:

> Nossa geração teve pouco tempo
> começou pelo fim
> mas foi bela nossa procura
> ah! moça, como foi bela nossa procura
> mesmo com tanta ilusão perdida
> quebrada, mesmo com tanto caco de sonho
> onde até hoje
> a gente se corta!

Atualmente é professor do Departamento de Linguística da USP.

INTRODUÇÃO

A escola ensina os alunos a ler e a escrever orações e períodos e exige que interpretem e redijam textos. Algumas pessoas poderiam dizer que essa afirmação não é verdadeira, porque hoje todos os professores dão aulas de redação e de interpretação de textos. Mas como é uma aula de redação? O professor põe um tema na lousa, pede que os alunos escrevam sobre ele, corrige os erros localizados na frase. A aula de interpretação de texto consiste em responder a um questionário com perguntas que não representam nenhum desafio intelectual ao aluno e que não contribuem para o entendimento global do texto. Muitas vezes, o professor não se satisfaz com os textos e os roteiros de interpretação dos livros didáticos, seleciona algum texto e faz uma bela interpretação em classe. Se o aluno lhe pergunta como enxergar numa produção discursiva as coisas geniais que ele nela percebeu, costuma apresentar duas respostas: para analisar um texto, é preciso ter sensibilidade; para descobrir os sentidos do texto, é necessário lê-lo uma, duas, três, inúmeras vezes.

As duas respostas estão eivadas de ingenuidade. Não basta recomendar que o aluno leia atentamente o texto muitas vezes, é preciso mostrar o que se deve observar nele. A sensibilidade não é um dom inato, mas algo que se cultiva e se desenvolve.

Atualmente, os estudiosos da linguagem começam a desenvolver uma série de teorias do discurso, em que se mostra que existe uma gramática que preside à construção do texto. Assim como ensinamos aos alunos, por exemplo, a coordenação e a subordinação como processos de estruturação do período, é preciso ensinar-lhes a gramática do discurso, para que eles possam, com mais eficácia, interpretar e redigir textos.

O texto pode ser abordado de dois pontos de vista complementares. De um lado, podem-se analisar os mecanismos sintáxicos e semânticos responsáveis pela produção do sentido; de outro, pode-se compreender o discurso como objeto cultural, produzido a partir de certas condicionantes históricas, em relação dialógica com outros textos. Neste livro, pretendemos tratar apenas de alguns elementos da gramática do discurso. As determinações ideológicas que incidem sobre a linguagem foram por nós analisadas em outros livros, que constam da bibliografia[*]. Nosso objetivo não é apresentar *a* teoria da análise do discurso, mas um dos projetos teóricos de análise discursiva que hoje se desenvolvem. Outros projetos com essa mesma finalidade estão em andamento. Cada um deles tem virtudes e limites. Por isso, neste livro, não está *a* verdade, mas *uma* das muitas verdades a respeito da linguagem, fenômeno *multiforme* e *heteróclito*, que tem desafiado o homem de todas as épocas e de todos os lugares.

A finalidade de um livro que apresenta elementos de uma gramática do discurso é tornar explícitos mecanismos implícitos de estruturação e de interpretação de textos. Quem escreve ou lê com eficiência conhece esses procedimentos de maneira mais ou menos *intuitiva*. Explicitá-los contribui para que um maior número de pessoas possa, de maneira mais rápida e eficaz, transformar-se em bons leitores.

Observe-se que a concepção em que se funda este livro é completamente diferente da que presidiu à elaboração de antologias e florilégios. Na verdade, trata-se de dois conceitos de

---

[*] Conheça também o *Dicionário de análise do discurso*, desta Editora.

manual: um que o concebe como um conjunto de exemplos a imitar e outro que o entende como explicitação de mecanismos de engendramento de sentido. Na base dessas concepções estão dois modos de avaliar o ato de escrever: o primeiro considera a escritura como um gesto de reproduzir textos já produzidos; o outro, como produção de sentidos a partir das possibilidades muito amplas que a gramática discursiva oferece.

POR QUE UMA SEMÂNTICA DO DISCURSO?

Em situação de poço, a água equivale
a uma palavra em situação dicionária:
isolada, estanque no poço dela mesma,
e porque assim estanque, estancada;
e mais: porque assim estancada, muda,
e muda porque com nenhuma comunica,
porque cortou-se a sintaxe desse rio,
o fio de água por que ele discorria.

Rios sem discurso. João Cabral de Melo Neto.

A Semântica define-se, normalmente, como "estudo do significado" ou "teoria da significação". Essa definição é, entretanto, muito genérica para ser satisfatória. Não explica, por exemplo, qual é a unidade linguística cujo significado a Semântica estuda. Não se sabe, a partir desses conceitos, se ela se debruça sobre o morfema, a palavra, a frase ou o texto.

Para conceituar a Semântica de maneira satisfatória, é necessário percorrer, ao menos rapidamente, a história de seu desenvolvimento.[1] Esse termo foi utilizado, em fins do século XIX, por Michel Bréal para designar o estudo do sentido. Esse linguista estabeleceu que o objetivo desse ramo do conhecimento era investigar as mudanças de sentido das palavras a fim de determinar os mecanismos que regulam essas alterações. Instituiu ele os fundamentos de uma Semântica diacrônica, valendo-se dos conceitos desenvolvidos pela Retórica Clássica (especialmente pelos tratados a respeito dos tropos) e pela Estilística.

Na primeira metade do século xx, nasce uma Semântica preocupada não mais com uma abordagem diacrônica dos fatos de significação mas com sua descrição sincrônica. A partir dos trabalhos de J. Trier, surge uma corrente de semanticistas para os quais a finalidade desse domínio dos estudos linguísticos é estabelecer e analisar os campos semânticos (chamados por alguns "campos conceptuais" ou "campos nocionais"). Um campo semântico é um conjunto de unidades lexicais associadas por uma determinada estrutura subjacente. G. Matoré dá a esse tipo de estudo o nome de Lexicologia, porque sua unidade de base é a palavra. Apesar das diferenças existentes entre os trabalhos dos diversos lexicólogos, todos parecem admitir, de maneira implícita ou explícita, a chamada hipótese de Sapir-Whorf, segundo a qual o léxico de cada língua natural é uma forma diferente de categorizar o mundo.

Por volta dos anos 60, aparece a Semântica Estrutural. Seu fundamento é o postulado do paralelismo do plano de expressão e do plano de conteúdo. Isso significa que essa semântica parte da hipótese de que o plano de expressão é constituído de distinções diferenciais e de que a essas diferenças de expressão devem corresponder distinções do plano de conteúdo, consideradas traços distintivos de significação. Por essa razão, a Semântica Estrutural utiliza-se, na análise sêmica, do modelo fonológico. Assim, analisa as unidades lexicais manifestadas (morfemas), decompondo-as em unidades subjacentes menores (chamadas unidades mínimas), os semas ou traços semânticos.

É bastante conhecida, por exemplo, a análise sêmica (ou componencial) do campo lexical de "assento", feita por B. Pottier. Segundo ele, as unidades lexicais desse campo manifestam combinatórias distintas elaboradas a partir de seis semas:

S^1 = com encosto;
S^2 = para uma pessoa;
S^3 = com braços;

S^4 = com pé(s);
S^5 = para sentar-se;
S^6 = com material rígido.

Se tomássemos cinco lexemas desse campo (cadeira, poltrona, tamborete, canapé e pufe), teríamos as seguintes combinatórias:

	S^1	S^2	S^3	S^4	S^5	S^6
cadeira	+	+	-	+	+	+
poltrona	+	+	+	+	+	-
tamborete	-	+	-	+	+	+
canapé	+	-	+	+	+	+
pufe	-	+	-	+	+	-

Não é nossa intenção discutir todos os conceitos envolvidos numa análise sêmica como a apresentada, mas mostrar seus limites e suas dificuldades. Pode-se sustentar teoricamente que algumas dezenas de categorias sêmicas binárias, cuja combinatória produza milhões de combinações, possam estar na base de todo o universo semântico das línguas naturais. No entanto, as dificuldades práticas para estabelecer esses universais semânticos e para definir as regras de compatibilidade e de incompatibilidade entre essas unidades são de tal ordem que a análise sêmica só produz resultados satisfatórios em campos léxicos bem delimitados. Por essa razão, tiveram os linguistas de renunciar à ideia de dispor de matrizes semânticas comparáveis às da fonologia para efetuar a análise lexical. Com isso, desfez-se a ilusão de que seria possível realizar uma descrição exaustiva do plano de conteúdo das línguas naturais. Com efeito, uma análise dessa ordem seria uma descrição do conjunto das culturas, que se acham cristalizadas em significados.

Tendo fracassado o ambicioso projeto da Semântica Estrutural, os linguistas voltaram-se para a análise de unidades maiores do que a palavra. Ducrot, por exemplo, debruça-se sobre os enunciados. Greimas toma o texto como unidade de análise.

Para este estudioso da linguagem, uma Semântica deve ser:

a) gerativa, ou seja, deve estabelecer modelos que apreendam os níveis de invariância crescente do sentido de tal forma que se perceba que diferentes elementos do nível de superfície podem significar a mesma coisa num nível mais profundo (por exemplo, a aprovação no vestibular e a Arca da Aliança, no filme *Os caçadores da arca perdida*, significam a mesma coisa num nível mais profundo, *poder fazer*: no primeiro caso, poder fazer um curso superior; no segundo, poder vencer os inimigos);

b) sintagmática, isto é, deve explicar não as unidades lexicais que entram na feitura das frases, mas a produção e a interpretação do discurso;

c) geral, ou seja, deve ter como postulado a unicidade do sentido, que pode ser manifestado por diferentes planos de expressão (por um de cada vez ou por vários deles ao mesmo tempo: por exemplo, o conteúdo /negação/ pode ser manifestado por um plano de expressão verbal "não" ou por um gesto como "repetidos movimentos horizontais da cabeça"; o conteúdo de uma telenovela é manifestado, ao mesmo tempo, por um plano de expressão verbal, por um visual, etc.).

Vamos desenvolver alguns elementos dessa Semântica gerativa, sintagmática e geral com a finalidade de aumentar nossa capacidade de interpretar textos. Comecemos com um modelo de produção do sentido, que constitui um percurso gerativo do sentido.

NOTAS

[1] Cf. Algirdas Julien Greimas, 1979, p. 325-27.

PERCURSO GERATIVO DE SENTIDO

Le cose tutte quante
hanno ordine tra loro, e questo è forma
che l'universo a Dio fa simigliante.

Dante Alighieri

Analisemos o texto "Apólogo dos dois escudos", de José Júlio da Silva Ramos:

Conhecem o apólogo do escudo de ouro e de prata?

Eu lho conto.

No tempo da cavalaria andante, dois cavaleiros armados de ponto em branco (= com cuidado, com esmero, completamente), tendo vindo de partes opostas, encontraram-se numa encruzilhada em cujo vértice se via erecta uma estátua da Vitória, a qual empunhava numa das mãos uma lança, enquanto a outra segurava um escudo. Como tivessem estacado, cada um de seu lado, exclamaram ao mesmo tempo:

– Que rico escudo de ouro!

– Que rico escudo de prata!

– Como de prata? Não vê que é de ouro?

– Como de ouro? Não vê que é de prata?

– O cavaleiro é cego.

– O cavaleiro é que não tem olhos.

Palavra puxa palavra, ei-los que arremetem um contra o outro, em combate singular, até caírem gravemente feridos.

Nisto passa um dervis, que depois de os pensar com toda a caridade, inquire deles o motivo da contenda.

– É que o cavaleiro afirma que aquele escudo é de ouro.

– É que o cavaleiro afirma que aquele escudo é de prata.

– Pois, meus irmãos, observou o daroês, ambos tendes razão e nenhum a tendes. Todo esse sangue se teria poupado, se cada um de vós se tivesse dado ao incômodo de passar um momento ao lado oposto. De ora em diante nunca mais entreis em pendência sem haverdes considerado todas as faces da questão.[1]

Esse texto é bastante singelo e, por isso, serve ao nosso propósito de expor um modelo de produção do sentido.

Há no texto uma oposição entre a percepção dos cavaleiros e a do derviche. Cada um dos cavaleiros, colocado num determinado ponto do espaço (respectivamente, na frente e atrás), vê o escudo de uma maneira: um o vê como um objeto de ouro; o outro, como um objeto de prata. O derviche, ao contrário, tendo-se dado ao trabalho de observá-lo de mais de um ângulo, sabe que o escudo é de ouro numa das faces e de prata na outra. As diferenças de pontos de vista dos dois cavaleiros levam-nos ao desentendimento, à luta. A maneira de o derviche considerar o objeto conduz ao entendimento, ao acordo. Esse é o nível mais concreto de percepção do sentido.

Num nível um pouco mais abstrato, percebemos que o escudo representa qualquer objeto de conhecimento. Temos aqui a passagem de um não saber a um saber. Com efeito, cada um dos sujeitos cognoscentes não tinha conhecimento do objeto até o momento em que o analisa de um ponto de vista. O saber de cada um a respeito do mesmo objeto é diferente, porque é condicionado pelo ponto de vista em que cada um se coloca para apreendê-lo, estudá-lo, analisá-lo. Tendo adquirido um saber a partir de uma certa perspectiva, cada um dos sujeitos atribui a seu conhecimento a marca da certeza e confere ao do outro a qualificação de equívoco, ou seja, cada um dos sujeitos considera seu saber como saber e o do outro como não saber. Isso leva a uma polêmica, a uma confrontação, em que cada um pretende impor ao outro seu ponto de vista, em que cada um tenciona fazer o outro desqualificar o saber que havia adquirido anteriormente e aceitar o ponto de vista alheio como verdade. O derviche, ao ser informado da razão da contenda, mostra que eles não conheciam o objeto, mas um aspecto dele, e que, por isso, o saber de ambos era, ao mesmo tempo, certo e equivocado. Aponta a necessidade de colocar-se em mais de uma perspectiva (ou seja, passar para o lado oposto) na análise de uma questão. Considerar um objeto de várias perspectivas leva à conciliação, que é o bom entendimento com os outros a partir da aceitação de seus pontos de vista. A passagem da conjunção com um ponto de vista para a conjunção com múltiplos pontos de vista implica a substituição da polêmica pelo contrato, da confrontação pela conciliação.

Num nível ainda mais abstrato, temos um oposição semântica: /parcialidade/ *versus* /totalidade/. Ao longo da narrativa, há uma afirmação da /parcialidade/, quando cada um dos sujeitos manifesta seu ponto de vista, sustenta-o e nega o saber do outro. Em seguida, no momento em que o daroês afirma que ambos têm razão e nenhum a tem, ocorre uma negação da /parcialidade/. Depois, quando mostra que o objeto tinha faces diferentes, dá-se uma afirmação da /totalidade/. O termo /parcialidade/ é o elemento semântico que, no texto, é considerado disfórico, enquanto a /totalidade/ é vista como eufórica, ou seja, o primeiro tem um valor negativo, enquanto o segundo tem um valor positivo.

Observe-se que na análise caminhamos do mais concreto ao mais abstrato, do mais complexo ao mais simples. Na produção, faz-se o caminho inverso. A categoria mais abstrata /parcialidade/ *versus* /totalidade/ converte-se, num nível de abstração intermediária, respectivamente, em saber obtido de um único ponto de vista e saber adquirido de múltiplas perspectivas. Num nível mais concreto, essa categoria é revestida pelas afirmações de que o escudo é feito de ouro ou de prata e pela constatação de que ele é de prata e de ouro.

O percurso gerativo de sentido é uma sucessão de patamares, cada um dos quais suscetível de receber uma descrição adequada, que mostra como se produz e se interpreta o sentido, num processo que vai do mais simples ao mais complexo. No modelo que estamos apresentando, os patamares do percurso são três. Vamos agora descrevê-los. O esquema do percurso é o seguinte:

		Componente Sintáxico	Componente Semântico
Estruturas semionar-rativas	Nível profundo	Sintaxe fundamental	Semântica fundamental
	Nível de superfície	Sintaxe narrativa	Semântica narrativa
Estruturas discursivas	Sintaxe discursiva Discursivização (actorialização, temporalização, espacialização)		Semântica discursiva Tematização Figurativização

Os três níveis do percurso são o profundo (ou fundamental), o narrativo e o discursivo. Em cada um deles existe um componente sintáxico e um componente semântico. Na gramática, a sintaxe faz par com a morfologia. Enquanto esta estuda a estrutura do vocábulo, aquela dedica-se ao exame das regras que presidem às relações entre os vocábulos, à construção das orações e às relações interoracionais. Numa teoria do discurso a sintaxe contrapõe-se à semântica.

No entanto, tem ela, em ambos os casos, uma acepção relativamente comparável. A sintaxe dos diferentes níveis do percurso gerativo é de ordem relacional, ou seja, é um conjunto de regras que rege o encadeamento das formas de conteúdo na sucessão do discurso. Embora ela seja puramente relacional, tem, assim como a sintaxe estudada pela gramática, um caráter conceptual. Exemplifiquemos esse fato. Para constituir uma oração, combinamos um predicado a uma série de argumentos. Se unirmos um verbo de ação a um sujeito agente e a um objeto paciente, teremos uma oração que manifesta uma ação-processo. Esse esquema relacional, já dotado de um conteúdo (ação, agente, paciente), pode receber diversos investimentos semânticos: o jardineiro colheu a rosa, a cozinheira derreteu a manteiga, etc. Se ligarmos um verbo a um sujeito paciente, obteremos uma oração de processo. Pode-se revestir esse esquema relacional com diferentes conteúdos: a manteiga derreteu, a noite desceu, etc. A sintaxe dos diversos patamares do percurso tem também um caráter conceptual, o que significa que cada combinatória de formas produz um determinado sentido. A distinção entre sintaxe e semântica não decorre do fato de que uma seja significativa e a outra não, mas de que a sintaxe é mais autônoma do que a semântica, na medida em que uma mesma relação sintática pode receber uma variedade imensa de investimentos semânticos.

NÍVEL FUNDAMENTAL

A Semântica do nível fundamental abriga as categorias semânticas que estão na base da construção de um texto. No nosso exemplo, a categoria do nível fundamental é /parcialidade/ *versus* /totalidade/. Em outro texto, poderia ser /natureza/ *versus* /cultura; em outro, /vida/ *versus* /morte/ e assim por diante. Uma categoria semântica fundamenta-se numa diferença, numa oposição. No entanto, para que dois termos possam ser apreendidos conjuntamente, é preciso que tenham algo em comum e é sobre esse traço comum que se estabelece uma diferença. Não opomos, por exemplo, /sensibilidade/ a /horizontalidade/, pois esses elementos não têm nada em comum. Contrapomos, no entanto, /masculinidade/ a /feminilidade/, pois ambos se situam no domínio da /sexualidade/. Assim, quando, no discurso político dos conservadores, estabelece-se uma oposição entre /democracia/ *versus* /comunismo/, comete-se uma violência semântica, uma vez que o primeiro termo concerne a regime político e o segundo, a sistema econômico, não tendo, pois, nada em comum. O contrário de democracia é ditadura; o oposto de comunismo é capitalismo.

Os termos opostos de uma categoria semântica mantêm entre si uma relação de contrariedade. São contrários os termos que estão em relação de pressuposição recíproca. O termo /masculinidade/ pressupõe o termo /feminilidade/ para ganhar sentido e vice-versa. Se se aplicar uma operação de negação a cada um dos contrários, obtêm-se dois contraditórios: /não masculinidade/ é o contraditório de /masculinidade/ e /não feminilidade/ é o de /feminilidade/. Cada um dos contraditórios implica o termo contrário daquele de que é o contraditório. Assim, /não masculinidade/ implica /feminilidade/ e /não feminilidade/ implica /masculinidade/. Os dois contraditórios (aqui, /não masculinidade/ e /não feminilidade/) são contrários entre si. Para distingui-los dos outros dois contrários (/masculinidade/ e /feminilidade/), vamos chamá-los subcontrários. Pode-se, num primeiro momento, pensar que não há necessidade de distinguir as relações de contrariedade das de contraditoriedade. É preciso, no entanto, verificar que os termos que estão em relação de contraditoriedade definem-se pela presença e ausência de um dado traço: /masculinidade/ *versus* /não masculinidade/. Os termos em relação de contrariedade possuem um conteúdo positivo cada um. Assim, a feminilidade não é a ausência de masculinidade, mas é uma marca semântica específica.

No discurso, os termos contrários ou subcontrários podem aparecer reunidos. Teremos, então, termos complexos (reunião dos contrários *a* e *b*) ou neutros (conjunção dos subcontrários *não a* e *não b*). O mito constrói-se com a junção de termos opostos. No universo mítico cristão, a partir da oposição semântica de base /divindade/ *versus* /humanidade/, teremos seres complexos, como Cristo (divindade e humanidade), ou neutros, como os anjos (nem divindade nem humanidade). No universo cultural grego, o mito do andrógino concebe um ser, ao mesmo tempo, masculino e feminino.

Cada um dos elementos da categoria semântica de base de um texto recebe a qualificação semântica /euforia/ *versus* /disforia/. O termo ao qual foi aplicada a marca /euforia/ é considerado um valor positivo; aquele a que foi dada a qualificação /disforia/ é visto como um valor negativo. No nosso exemplo, a /parcialidade/ é disfórica e a /totalidade/, eufórica. Euforia e disforia não são valores determinados pelo sistema axiológico do leitor, mas estão inscritos no texto. Assim, dois textos podem utilizar-se da categoria de base, /natureza/ *versus* /civilização/ e valorizar, de maneira distinta, esses termos. No texto de um ecologista, a natureza certamente será o termo eufórico e a civilização, o disfórico. Num texto que trate dos perigos da floresta, talvez a situação se inverta. Da mesma forma, o discurso de certos fundamentalistas que pregam a excelência do martírio valorizará positivamente a morte e negativamente a vida, ao passo que o discurso sobre a felicidade como algo do aqui e agora possivelmente considerará a vida como valor positivo e a morte como negativo.

A sintaxe do nível fundamental abrange duas operações: a negação e a asserção. Na sucessividade de um texto, ocorrem essas duas operações, o que significa que, dada uma categoria tal que *a versus b*, podem aparecer as seguintes relações:

a) afirmação de *a*, negação de *a*, afirmação de *b*;
b) afirmação de *b*, negação de *b*, afirmação de *a*.

No "Apólogo dos dois escudos", dada a categoria /parcialidade/ (termo *a*) *versus* /totalidade/ (termo *b*), há a seguinte organização sintáxica fundamental: afirmação da /parcialidade/, quando cada um dos cavaleiros afirma seu ponto de vista; negação da /parcialidade/, no momento em que o derviche diz que os dois têm razão e nenhum a tem; afirmação da /totalidade/, quando o daroês mostra que o escudo é de ouro num dos lados e de prata no outro.

A semântica e a sintaxe do nível fundamental representam a instância inicial do percurso gerativo e procuram explicar os níveis mais abstratos da produção, do funcionamento e da interpretação do discurso.

Vejamos num excerto do poema "Morte e vida severina", de João Cabral de Melo Neto, como se apreende a estrutura fundamental de um texto:

> – Muito bom dia, senhora,
> que nessa janela está:
> sabe dizer se é possível
> algum trabalho encontrar?
> – Trabalho aqui nunca falta
> a quem sabe trabalhar;
> o que fazia o compadre
> na sua terra de lá?
> – Pois fui sempre lavrador,
> lavrador de terra má;
> não há espécie de terra
> que eu não possa cultivar.
> – Isso aqui de nada adianta
> pouco existe o que lavrar;
> mas diga-me, retirante,
> que mais fazia por lá?
> – Também lá na minha terra
> de terra mesmo pouco há;
> mas até a calva da pedra
> sinto-me capaz de arar.
> – Também de pouco adianta,
> nem pedra há aqui que amassar;
> diga-me ainda, compadre,

que mais fazia por lá?
– Conheço todas as roças
que nesta chã podem dar:
o algodão, a mamona,
a pita, o milho, o caroá.
– Esses roçados o banco
já não quer financiar:
mas diga-me, retirante,
o que mais fazia lá?

[...] mas diga-me, retirante,
sabe benditos rezar?
sabe cantar excelências,
defuntos encomendar?
sabe tirar ladainhas,
sabe mortos enterrar?

[...] – Agora se me permite
minha vez de perguntar:
como a senhora, comadre,
pode manter o seu lar?
– Vou explicar rapidamente,
logo compreenderá:
como aqui a morte é tanta,
vivo da morte ajudar.
– E ainda se me permite
que lhe volte perguntar:
é aqui uma profissão
trabalho tão singular?
– É, sim, uma profissão,
e a melhor de quantas há:
sou de toda a região
rezadora titular.
– E ainda se me permite
mais uma vez indagar:
é boa essa profissão
em que a comadre ora está?
– De um raio de muitas léguas
vem gente aqui me chamar;
a verdade é que não pude
queixar-me ainda de azar.

– E se pela última vez
me permite perguntar:
não existe outro trabalho
para mim neste lugar?
– Como aqui a morte é tanta
só é possível trabalhar
nessas profissões que fazem
da morte ofício ou bazar.
Imagine que outra gente
de profissão similar,
farmacêuticos, coveiros,
doutor de anel no anular,
remando contra a corrente
da gente que baixa ao mar,
retirantes às avessas,
sobem do mar para cá.
Só os roçados da morte
compensam aqui cultivar,
e cultivá-los é fácil:
simples questão de plantar;
não se precisa de limpa,
de adubar nem de regar;
as estiagens e as pragas
fazem-nos mais prosperar;
e dão lucro imediato;
nem é preciso esperar
pela colheita: recebe-se
na hora mesma de semear. [...][2]

Nesse texto, temos um diálogo entre Severino, retirante, e uma mulher a quem ele pede informações sobre trabalho. O texto poderia ser dividido em dois blocos: o primeiro, em que Severino diz o que sabe fazer e a mulher desqualifica esse saber, dizendo ser inútil naquele lugar; o segundo, em que ela explica qual é o saber útil no lugar em que estão.

Os elementos da superfície do texto poderiam ser agrupados em três blocos:

a) saber de Severino: lavrador, cultivar a terra, arar a calva da pedra, conhecer todas as roças;

b) desqualificação do saber de Severino: "de pouco adianta", "pouco existe o que lavrar"; "nem pedra aqui há que amassar"; "o banco já não quer financiar";

c) saber útil naquele lugar: rezar benditos, cantar excelências, encomendar defuntos, tirar ladainhas, enterrar mortos, ajudar a morte, "profissões que fazem da morte ofício ou bazar", etc.

A categoria semântica do nível fundamental deve dar sentido ao conjunto de elementos do nível superficial. Os elementos do primeiro grupo referem-se à vida (o ato de produzir, de dar vida), os do segundo negam a vida (não se pode produzir), os do terceiro, relacionam-se à morte. O texto constrói-se, pois, sobre a oposição semântica /vida/ *versus* /morte/. Sua organização sintática é a seguinte: afirmação da vida, negação da vida e afirmação da morte.

Levando em consideração que ajudar a morte é o único trabalho rentável, pode-se dizer que o ofício de produzir a vida é valorizado negativamente, pois não tem nenhum valor, enquanto o de ajudar a morte é valorizado positivamente, pois é lucrativo. Considerar a morte como o termo eufórico e a vida como o disfórico ressalta o absurdo da situação relatada.

NÍVEL NARRATIVO

A primeira objeção que se poderia fazer, quando se diz que um dos níveis do percurso gerativo é o narrativo, é que nem todos os textos são narrativos. Na realidade, é preciso fazer uma distinção entre narratividade e narração. Aquela é componente de todos os textos, enquanto esta concerne a uma determinada classe de textos. A narratividade é uma transformação situada entre dois estados sucessivos e diferentes. Isso significa que ocorre uma narrativa mínima, quando se tem um estado inicial, uma transformação e um estado final. No "Apólogo dos dois escudos", temos duas narrativas mínimas encaixadas. Na primeira, os dois cavaleiros passam de um estado inicial de não saber a um estado final de saber adquirido a partir de um ponto de vista único. Em seguida, o derviche faz com que eles passem de um estado de saber não global a um estado de compreensão da totalidade. Quando o presidente da República, em discurso dirigido à nação, diz que "graças aos esforços continuados do governo, a inflação foi contida", subjaz a esse enunciado uma narrativa mínima: estado inicial de inflação descontrolada, estado final de inflação sob controle. Entendida como transformação de conteúdo, a narratividade é um componente da teoria do discurso. Já a narração constitui a classe de discurso em que estados e transformações estão ligados a personagens individualizadas.

Na sintaxe narrativa, há dois tipos de enunciados elementares:

a) enunciados de estado: são os que estabelecem uma relação de junção (disjunção ou conjunção) entre um sujeito e um objeto (no enunciado "Aurélia é rica", há uma relação de conjunção, indicada pelo verbo *ser*, entre um sujeito "Aurélia" e um objeto "riqueza"; em "Seixas não é rico", há uma relação de disjunção, revelada pela negação e pelo verbo *ser*, entre um sujeito "Seixas" e um objeto "riqueza");

b) enunciados de fazer: são os que mostram as transformações, os que correspondem à passagem de um enunciado de estado a outro (no enunciado "Seixas ficou rico" há uma transformação de um estado inicial "não rico" num estado final "rico").

Como há dois tipos de enunciados de estado, existem duas espécies de narrativas mínimas: a de privação e a de liquidação de uma privação. Na primeira, ocorre um estado inicial conjunto e um estado final disjunto. Um exemplo seria a história do empobrecimento de uma família muito rica (no início da narrativa o sujeito está em conjunção com a riqueza e no final está em disjunção com ela). Na segunda espécie, sucede o contrário: um estado inicial disjunto e um final conjunto. Um exemplo seria a história, tão do gosto de setores conservadores de nossa sociedade, do menino pobre que, com trabalho ingente, torna-se muito rico.

Não se pode confundir sujeito com pessoa e objeto com coisa. Sujeito e objeto são papéis narrativos que podem ser representados num nível mais superficial por coisas, pessoas ou animais. Numa narrativa de captura, por exemplo, os seres humanos a serem aprisionados são o objeto com que o ser que captura deve entrar em conjunção. Quando se diz "o tapete voador pousou no terraço da casa", temos uma transformação cujo estado final tem como sujeito "tapete voador" e como objeto "terraço da casa".

Os textos não são narrativas mínimas. Ao contrário, são narrativas complexas, em que uma série de enunciados de fazer e de ser (de estado) estão organizados hierarquicamente. Uma narrativa complexa estrutura-se numa sequência canônica, que compreende quatro fases: a manipulação, a competência, a *performance* e a sanção.

Na fase de manipulação, um sujeito age sobre outro para levá-lo a querer e/ou dever fazer alguma coisa. Quando um pai determina que o filho lave o carro, ocorre uma manipulação e o filho passa a ser um sujeito segundo o dever, embora não necessariamente segundo o querer. Lembramos que o sujeito é um papel narrativo e não uma pessoa. É o ciúme o sujeito que impele Otelo a querer matar Desdêmona. Os dois sujeitos narrativos (o manipulador e o manipulado) podem ser representados, no nível discursivo, por uma mesma personagem. No enunciado "Aurélia resolveu casar-se com Seixas", Aurélia é, ao mesmo tempo, o manipulador e o manipulado, agindo segundo o querer.

Há inúmeros tipos de manipulação: o pedido, a ordem, etc. Vamos descrever apenas os quatro tipos mais comuns. Quando o manipulador propõe ao manipulado uma recompensa, ou seja, um objeto de valor positivo, com a finalidade de levá-lo a fazer alguma coisa, dá-se uma tentação. Quando o manipulador o obriga a fazer por meio de ameaças, ocorre uma intimidação. Se o manipulador leva a fazer manifestando um juízo positivo sobre a competência do manipulado, há uma sedução. Se ele impele à ação, exprimindo um juízo negativo a respeito da competência do manipulado, sucede uma provocação. Exemplifiquemos esses quatro tipos de manipulação com a seguinte situação: uma criança não quer comer e a mãe, para fazê-la praticar essa ação, pode agir assim:

- tentação – "Se você comer, ganha um refrigerante";
- intimidação – "Se você não comer, não vai assistir televisão";
- sedução – "Pus essa comida no seu prato, porque você é grande e é capaz de comer tudo";
- provocação – "Pus essa comida no seu prato, mas eu sei que, como você é pequeno, não consegue comer o que está aí".

Na fase da competência, o sujeito que vai realizar a transformação central da narrativa é dotado de um saber e/ou poder fazer. Cada um desses elementos pode aparecer, no nível mais superficial do discurso, sob as mais variadas formas. No romance *O cortiço,* de Aluísio de Azevedo, quando se narra que João Romão vivia miseravelmente, amealhando cada tostão com a finalidade de construir as casinhas do cortiço para alugar, o dinheiro poupado é a forma concreta do poder construir e as casinhas, por sua vez, são concretizações de um poder acumular cada vez mais. Nos contos de fada, o poder aparece, por exemplo, sob a forma de um objeto mágico que dá ao príncipe o poder de vencer o dragão: ora é o anel mágico, ora a espada mágica, etc.

A *performance* é a fase em que se dá a transformação (mudança de um estado a outro) central da narrativa. Libertar a princesa presa pelo dragão é a performance de muitos contos de fada. Encontrar o pote de ouro no fim do arco-íris, ou seja, passar de um estado de disjunção com a riqueza para um estado de conjunção com ela pode ser uma performance.

O sujeito que opera a transformação e o que entra em conjunção ou em disjunção com um objeto podem ser distintos ou idênticos. Quando, na fábula, o lobo mata o cordeiro, há dois sujeitos distintos: um que efetua a transformação (o lobo) e outro que entra em disjunção com a vida (o cordeiro). Quando se narra um suicídio, esses dois sujeitos são idênticos.

A última fase é a sanção. Nela ocorre a constatação de que a performance se realizou e, por conseguinte, o reconhecimento do sujeito que operou a transformação. Eventualmente, nessa fase, distribuem-se prêmios e castigos. Nas narrativas conservadoras, o bem é sempre premiado e o mal, punido. Na história da Gata Borralheira, a humildade e a resignação são premiadas e a arrogância e o orgulho, castigados. Em *Justine*, de Sade, ocorre uma situação inversa: a cada ação executada segundo os ditames da moral cristã corresponde um castigo e não uma recompensa. Se nem sempre aparecem prêmios e castigos na fase da sanção, sempre estará presente a verificação de que a performance aconteceu. No "Apólogo dos dois escudos", quando o derviche diz que ambos os cavaleiros têm razão e nenhum a tem, há a constatação da passagem de um não saber a um saber parcial, mas não a um saber integral.

A narrativa pode pôr em ação um jogo de máscaras: segredos que devem ser desvelados, mentiras que precisam ser reveladas, etc. É na fase da sanção que ocorrem as descobertas e as revelações. É, nesse ponto da narrativa, por exemplo, que os falsos heróis são desmascarados e os verdadeiros são reconhecidos.

Essas fases não se encadeiam numa sucessão temporal, mas em virtude de pressuposições lógicas. Com efeito, se se reconhece que uma transformação se realizou, a transformação está pressuposta pela constatação. Por outro lado, a efetivação de uma performance implica um poder e um saber realizá-la e, além disso, um querer e/ou dever executá-la. É claro que, quando se diz que um querer, um dever, um saber, um poder estão presentes numa narrativa, pressupõe-se também a existência de um não querer, um não dever, um não saber e um não poder. Numa ação involuntária, por exemplo, o sujeito operador é um sujeito segundo o não querer.

Nas narrativas realizadas, as fases da sequência canônica não aparecem sempre bem arranjadas como pode ter dado a entender a explicação anterior. Em primeiro lugar, muitas fases ficam ocultas e devem ser recuperadas a partir das relações de pressuposição. No filme *Os caçadores da arca perdida*, os americanos, em guerra com os alemães, interceptam uma mensagem que diz que os alemães estão à procura da Arca da Aliança. Agentes dos serviços de inteligência vão à procura de um célebre arqueólogo para que ele lhes informe o que é a arca, onde ela poderia estar, etc. Para que ele preste essas informações, é preciso que ele possua um saber. No entanto, o filme não nos mostra o arqueólogo estudando, adquirindo o saber. Isso fica pressuposto na cena em que ele aparece dando aula de Arqueologia e na cena em que transmite seus conhecimentos aos agentes do serviço de informações.

Em segundo lugar, muitas narrativas não se realizam completamente. No episódio bíblico da tentação de Cristo no deserto, acontecem três tentativas de manipulação. Na primeira, ocorre uma provocação, pois o demônio diz a Cristo: "Se és o Filho de Deus, ordena a estas pedras que se transformem em pães". Na segunda, sucede uma verdadeira tentação: "Dar-te-ei todo este poder e a glória desses reinos [...], se te prostrares diante de mim".

Na terceira, novamente se dá uma provocação: "Se és o Filho de Deus, lança-te daqui abaixo, porque está escrito: Ordenou aos seus anjos a teu respeito que te guardassem. E que te sustivessem em suas mãos, para não ferires o teu pé nalguma pedra". Nas três vezes, Cristo não aceita a manipulação e a história não prossegue, para nessa fase.

Em terceiro lugar, as narrativas realizadas podem relatar, preferentemente, uma das fases. Um jornal sensacionalista, ao contar um assassinato, narra em geral a performance: como foi o crime, quem o realizou, quem era a vítima, etc. Num romance policial, como, por exemplo, *O assassinato no Expresso do Oriente*, de Agatha Christie, o relato da performance ocupa poucas páginas e o romance, então, ocupa-se da sanção, ou seja, da descoberta do criminoso. Nele a sanção é o desvelamento de um segredo.

Além disso, as narrativas realizadas não contêm uma única sequência canônica, mas um conjunto delas. Essas sequências podem encaixar-se umas nas outras ou suceder-se. Observemos o trecho abaixo do *Auto de Mofina Mendes*, de Gil Vicente:

> Vou-me à feira de Trancoso
> Logo, nome de Jesu,
> E farei dinheiro grosso.
> Do que este azeite render
> Comprarei ovos de pata,
> Que é a coisa mais barata
> Qu'eu de lá posso trazer.
> E estes ovos chocarão;
> Cada ovo dará um pato,
> E cada pato um tostão,
> Que passará de um milhão
> E meio, a vender barato
> Casarei rica e honrada
> Per estes ovos de pata.[3]

A sequência principal é casar rica e honrada. Para isso, é preciso enriquecer. Portanto, o enriquecimento é a competência necessária para o matrimônio. No entanto, o enriquecimento constitui uma sequência encaixada na fase da competência da sequência principal, é a aquisição de um poder casar rica e honrada.

E aí vão encaixando-se sucessivamente nas fases de competência (aquisição do poder) das diferentes sequências, outras sequências: para poder enriquecer, é preciso ter os patos (chocar); para poder ter os patos, é necessário comprar os ovos; para poder comprar os ovos, é preciso arranjar dinheiro (vender o azeite); para vender o azeite, é preciso consegui-lo (Mofina Mendes recebeu-o em paga por seus serviços). Todos sabem como a narrativa termina: o pote cai-lhe da cabeça. Assim, a narrativa só se realiza no nível do projeto.

As sequências podem também suceder-se. Um herói, num conto maravilhoso, passa por várias provas. Umas sucedem às outras. Uma princesa, por exemplo, só se casará com o pretendente que conseguir recuperar um anel que ela jogara no mar. Um pretendente realiza essa performance, mas a princesa, insatisfeita, exige outra prova, que ele capture um pássaro de penas de ouro. E assim as sequências vão seguindo-se umas às outras.

Na narrativa realizada, o narrador pode organizar as diversas fases da sequência canônica de diferentes maneiras. Elas, então, não precisam aparecer na ordem lógica: manipulação, competência, performance, sanção. O narrador pode dispor as fases de maneira diferente. Como elas se encadeiam em função de relações de pressuposição, o leitor vai apreendê-las corretamente. Observemos o capítulo XLIII de *Memórias póstumas de Brás Cubas*, de Machado de Assis:

> Positivamente, era um diabrete Virgília, um diabrete angélico, se querem, mas era-o, e então...
> Então apareceu o Lobo Neves, um homem que não era mais esbelto do que eu, nem mais elegante, nem mais lido, nem mais simpático e todavia foi quem me arrebatou Virgília e a candidatura, com um ímpeto verdadeiramente cesariano. Não procedeu nenhum despeito; não houve a menor violência de família. Dutra veio dizer-me, um dia, que esperasse outra aragem, porque a candidatura de Lobo Neves era apoiada por grandes

influências. Cedi; tal foi o começo da minha derrota. Uma semana depois, Virgília perguntou ao Lobo Neves, a sorrir, quando seria ele ministro.

– Pela minha vontade, já; pela dos outros, daqui a um ano.

Virgília replicou:

– Promete que algum dia me fará baronesa?

– Marquesa, porque eu serei marquês.

Desde então, fiquei perdido. Virgília comparou a águia e o pavão, e elegeu a águia, deixando o pavão com o seu espanto, o seu despeito, e três ou quatro beijos que lhe dera. Talvez cinco beijos; mas dez que fossem não queria dizer coisa nenhuma. O lábio do homem não é como a pata do cavalo de Atila, que esterilizava o solo que batia: é justamente o contrário.[4]

A primeira fase da sequência narrativa que aparece, nesse texto, é a sanção. Nela, o narrador reconhece que duas performances se realizaram. Lobo Neves arrebatou-lhe os objetos "amor" e "posição política", que aparecem sob a forma de Virgília e da candidatura, respectivamente. Em seguida, narra as outras fases das sequências, ou melhor, relata sequências que constituem a fase da competência das sequências principais.

A primeira sequência principal seria a eleição para a Câmara. Nela, encaixa-se a aquisição da competência, ou seja, do poder eleger-se. Nessa fase, há um esquema canônico inteiro. O poder eleger-se aparece sob a forma do apoio de grandes influências. A manipulação e a competência para obter o apoio estão pressupostos: Lobo Neves quer, sabe e pode conseguir o apoio. A performance de aquisição do poder realiza-se: o apoio foi dado a Lobo Neves. E aí para a narrativa. O narrador não diz se Lobo Neves se elegeu para a Câmara dos Deputados, mas pressupõe-se que sim. O certo é que o narrador reconhece sua derrota (sanção), ao dizer que cedera.

A segunda sequência principal seria a conjunção com o amor (casamento com Virgília). O poder casar-se aparece sob a forma da anuência de Virgília. Essa fase (aquisição do poder) é uma sequência encaixada na sequência principal. Nela, Lobo Neves e Brás Cubas exercem uma manipulação sobre Virgília, visando a obter seu consentimento para se casar. A manipulação exerce-se como uma tentação: um oferece seu arrojo, sua vontade de vencer (águia), o outro, sua "beleza" (pavão). Virgília executa um fazer interpretativo e atribui o poder casar-se a Lobo Neves, ao dar a ele seu consentimento. Embora o narrador não diga que os dois se casaram, presume-se que sim.

O narrador, que começara o texto com a sanção, reflete sobre seu papel em relação a Virgília: fora o sujeito a fazê-la desejar o amor. Manipulara-a para isso: seus lábios, ao contrário das patas do cavalo de Atila, não mataram nela o desejo de amar, mas fizeram com que nela brotasse esse querer.

Toda narrativa tem uma dimensão polêmica. A conjunção para um sujeito implica a disjunção para outro. Quando se diz que um ladrão rouba dez milhões de dólares de um milionário, a disjunção entre o sujeito "milionário" e o objeto "riqueza" corresponde a uma conjunção entre o sujeito "ladrão" e este objeto. No trecho de Machado, cuja estrutura narrativa analisamos, a conjunção entre Lobo Neves e o amor e uma determinada posição política é correlata à disjunção entre Brás Cubas e esses objetos. Com alguns objetos, no entanto, esse caráter polêmico da narrativa não ocorre. É o caso, por exemplo, dos objetos do tipo saber. Quando alguém transmite a outrem uma informação, não entra em disjunção com ela, mas a conserva. No "Apólogo dos dois escudos", quando o derviche mostra aos cavaleiros que o escudo é de ouro e de prata, faz os dois entrarem em conjunção com um saber, mas não entra em disjunção com ele.

Até agora analisamos o encadeamento dos papéis narrativos para formar enunciados, desses enunciados para constituir sequências e dessas sequências canônicas para compor sequências complexas. Estudamos, pois, a sintaxe narrativa.

A semântica do nível narrativo ocupa-se dos valores inscritos nos objetos. Numa narrativa, aparecem dois tipos de objetos: objetos modais e objetos de valor. Os primeiros são o querer, o dever, o saber e o poder fazer, são aqueles elementos cuja aquisição é necessária para realizar a performance principal. Os segundos são os objetos com que se entra em conjunção ou disjunção na performance principal. É preciso, no entanto, atentar para o fato de que o valor do nível narrativo não é idêntico ao objeto concreto manifestado no nível mais superficial do percurso gerativo. O valor do nível narrativo é o significado que tem um objeto concreto para o sujeito que entra em conjunção com ele. Assim, por exemplo, quando, num conto maravilhoso, uma fada dá ao príncipe uma espada mágica, para que ele mate o dragão que capturara a princesa, a espada é a concretização, num nível mais superficial, de um objeto modal, /poder vencer/ (este sim elemento do nível narrativo). Os ovos de ouro, que a galinha da fábula punha, são a manifestação concreta do objeto-valor /riqueza. Um objeto narrativo, por ser mais abstrato, pode ser concretizado de múltiplas maneiras. Assim, o objeto-valor /riqueza/ pode ser concretizado como pote de ouro no fim do arco-íris, joias, ações, obras de arte, etc. Por outro lado, um mesmo objeto concreto, dependendo da narrativa em que esteja colocado, pode ser objeto modal ou objeto-valor ou, então, concretizar objetos-valor distintos. Exemplifiquemos cada um dos casos. O Tio Patinhas entesoura dinheiro (moedas e notas); uma pessoa que deseja comprar uma casa também guarda dinheiro. Nos dois casos, aparece o mesmo objeto concreto, dinheiro. Entretanto, no primeiro caso, ele é a manifestação do objeto-valor /riqueza/, porque é o objeto com que se busca a conjunção na performance principal, ou seja, é o objetivo último do sujeito. No segundo caso, ele é a concretização do /poder comprar/, isto é, o dinheiro é a manifestação de um objeto modal. Objeto-valor e objeto modal são posições na sequência narrativa. O objeto modal é aquele necessário para obter outro objeto. O objeto-valor é aquele cuja obtenção é o fim último de um sujeito. Dissemos ainda que o mesmo objeto-concreto pode recobrir diferentes objetos-valor. Seja, por exemplo, casa. Numa narrativa, casa pode ser a concretização do valor /abrigo/; noutra, do valor /conforto/; numa terceira, do valor /status/ e assim sucessivamente. É preciso estudar cuidadosamente cada narrativa para perceber que valores os objetos concretos manifestam.

Analisemos, passo a passo, o componente narrativo de um texto.

Tragédia brasileira

Misael, funcionário da Fazenda, com 63 anos de idade.

Conheceu Maria Elvira na Lapa – prostituída, com sífilis, dermite nos dedos, uma aliança empenhada e os dentes em petição de miséria.

Misael tirou Maria Elvira da vida, instalou-a num sobrado no Estácio, pagou médico, dentista, manicura... Dava tudo quanto ela queria.

Quando Maria Elvira se apanhou de boca bonita, arranjou logo um namorado.

Misael não queria escândalo. Podia dar uma surra, um tiro, uma facada. Não fez nada disso: mudou de casa.

Viveram três anos assim.

Toda vez que Maria Elvira arranjava namorado, Misael mudava de casa.

Os amantes moraram no Estácio, Rocha, Catete, Rua General Pedra, Olaria, Ramos, Bom Sucesso, Vila Isabel, Rua Marquês de Sapucaí, Niterói, Encantado, Rua Clapp, outra vez no Estácio, Todos os Santos, Catumbi, Lavradio, Boca do Mato, Inválidos... Por fim na Rua da Constituição, onde Misael, privado de sentidos e de inteligência, matou-a com seis tiros, e a polícia foi encontrá-la caída em decúbito dorsal, vestida de organdi azul.[5]

Há no texto duas sequências narrativas básicas: a de Misael e a de Maria Elvira. Aparece inicialmente a performance de Misael, que havia conhecido Maria Elvira na Lapa, região de prostituição no Rio de Janeiro. Quando ele travou conhecimento com ela, ela estava doente (com sífilis), sem meios de subsistência (uma aliança empenhada), com uma aparência ruim (dermite nos dedos, os dentes em petição de miséria), enfim, sem boas condições de vida. Esse é o estado inicial de Maria Elvira. Ela é um sujeito de estado em disjunção com a saúde, o conforto, a beleza, ou seja, com condições adequadas de vida. Esses são os objetos de valor manifestados pelos elementos que aparecem na superfície do segundo parágrafo.

No terceiro parágrafo, ocorre a performance de Misael. Ele é o sujeito do fazer que coloca o sujeito de estado, Maria Elvira, em conjunção com o conforto (instalou-a num sobrado no Estácio, dava tudo quanto ela queria), com a saúde (pagou médico), com a beleza (pagou dentista, manicura). Em suma, com boas condições de vida.

As fases da manipulação e competência de Misael estão pressupostas: ele queria dar o que deu a Maria Elvira e podia fazê-lo (tinha meios para tanto, o que é pressuposto pelo fato de ele ser funcionário da Fazenda e ter 63 anos de idade, o que indica que já estava num alto posto na carreira do funcionalismo).

Misael não o fez gratuitamente. Sua sequência narrativa indica que ele pretendia uma troca. Ele poria Maria Elvira em conjunção com boas condições de vida e ela lhe daria exclusividade de seus favores sexuais. Isso é indicado pela expressão "tirou Maria Elvira da vida" (= retirou-a da prostituição) e pela sanção negativa que pensa poder fazer ao fato de ela arranjar um namorado (podia dar uma surra, um tiro, uma facada). No entanto, Maria Elvira não realiza a troca desejada por Misael (quando [...] se apanhou de boca bonita, arranjou logo um namorado), que é colocá-lo em conjunção com a exclusividade.

Sua performance real é entrar em conjunção com um namorado. Qual é o valor manifestado pelo namorado? Observe-se que Misael dá a Maria Elvira apenas coisas que o dinheiro pode comprar. Não há qualquer referência a sexo (prazer), a carinho e, além disso, Misael é apresentado como um homem de 63 anos de idade. "Namorado", pois, é a manifestação desses valores. A fase da manipulação está pressuposta: Maria Elvira quis arranjar um namorado. A competência (poder fazer), no entanto, é dada por Misael: é a beleza, manifestada pela expressão "quando

[...] se apanhou de boca bonita". Observe-se que o que para Misael é uma performance com vistas a uma troca, para Maria Elvira é aquisição de competência, para obter seus valores, o prazer e o carinho. O que para Misael era um fim, para Maria Elvira era um meio, ou seja, a obtenção de uma competência.

A sanção da performance de Maria Elvira é realizada por Misael. Ele reconhece que a ação de arranjar um namorado ocorreu e julga que pode aplicar-lhe um castigo (podia dar uma surra, um tiro, uma facada). O castigo, sanção pragmática, não ocorre, porque ele tinha medo da sanção negativa dos outros (escândalo). O que faz ele então? Muda de casa. Essa é a concretização discursiva de uma performance em que Misael afasta Maria Elvira de seus objetos de valor, coloca-a em disjunção com eles. As fases da manipulação e da competência dessa sequência narrativa estão pressupostas: Misael queria afastar Maria Elvira do namorado e ele podia fazê-lo, pois ele é quem mantinha a casa onde moravam. As sequências de Maria Elvira arranjar um namorado e de Misael afastá-la dele repetem-se inúmeras vezes. O narrador mostra essa reiteração das ações, indicando os lugares onde os amantes moraram. Observe-se que as reticências com que termina o parágrafo mostram que a lista não é exaustiva.

Finalmente, na Rua da Constituição, Misael realiza a sanção à performance de Maria Elvira. Essa fase da sanção é constituída de uma sequência narrativa encaixada. Na fase da manipulação, a privação de sentidos e de inteligência leva Misael a dever matar (ele é como que forçado a realizar o que se achava no direito de fazer). A competência está pressuposta: ele tem um revólver e sabe manejá-lo. A performance é transformar a conjunção entre Maria Elvira e a vida em disjunção (matou-a com seis tiros). A sanção é feita pela polícia, que constata o crime. Note-se que a parte que menciona o fato de a polícia ter encontrado o corpo está redigida como se fosse um boletim de ocorrência. Nele se descreve a posição do corpo em linguagem técnica ("caída em decúbito dorsal" e não "de costas") e a cena do crime com muitas minúcias (vestida de organdi azul).

Ao dar o nome de tragédia brasileira para o texto, o autor pretende desmascarar o machismo que rege as relações entre homem e mulher em nossa sociedade: um homem acha que, por sustentar uma mulher, mesmo que a relação não envolva prazer e carinho, dá a ele o direito de exigir dela exclusividade, fidelidade; um homem julga-se no direito de surrar ou matar uma mulher pelo fato de ela não lhe ser fiel; a culpa da morte da mulher é vista como sendo dela mesma (no texto, é a ação da mulher que conduz a uma privação de sentidos e de inteligência no homem, o que o leva a matá-la).

NÍVEL DISCURSIVO

No nível narrativo, temos formas abstratas como, por exemplo, um sujeito entra em conjunção com a riqueza. No nível discursivo, as formas abstratas do nível narrativo são *revestidas* de termos que lhes dão concretude. Assim, a conjunção com a riqueza aparecerá no nível discursivo como roubo de joias, entrada na posse de uma herança, descoberta de uma mina de ouro, aplicação bem-sucedida na Bolsa de Valores, recebimento de um grande prêmio de uma loteria, etc.

O nível discursivo produz as variações de conteúdos narrativos invariantes. Uma fotonovela, por exemplo, tem uma estrutura narrativa fixa: x quer entrar em conjunção com o amor de y, x não pode fazê-lo (há um obstáculo), x passa a poder fazê-lo (o obstáculo é removido), o amor realiza-se. Entretanto, seu nível discursivo varia. O obstáculo, por exemplo, ora é a diferença social, ora é a presença de outra mulher, ora é uma doença e assim por diante.

Em "Balada do amor atrás das idades", de Carlos Drummond de Andrade, fica bem clara a distinção entre o nível narrativo abstrato e o nível discursivo que o reveste. A invariante narrativa das quatro primeiras estrofes é que x quer entrar em conjunção com o amor de y, há um obstáculo que impede a realização desse amor e ele não se consuma. Na quarta estrofe (tempos mais amenos), insinua-se a realização parcial do amor, mas os dois não podem viver juntos. Só na última estrofe ocorre de fato uma alteração na estrutura narrativa: o amor realiza-se. Essa estrutura invariante é revestida por personagens distintas (grego e troiana, soldado romano e cristã, pirata mouro e europeia cristã, cortesão de Versailles e freira), colocadas em espaços (Grécia, Roma, mares entre Europa e África, França) e tempos (Antiguidade no período da guerra de Troia, Antiguidade na época da difusão do cristianismo, Idade Média, período da Revolução Francesa) diferentes. Varia também a natureza do obstáculo à consumação do amor (diferença política, diversidade religiosa, variedade étnico-religiosa, disparidade de papel social).

Eu te gosto, você me gosta
desde tempos imemoriais.
Eu era grego, você troiana,
troiana, mas não Helena.
Saí do cavalo de pau
para matar seu irmão.
Matei, brigamos, morremos.

Virei soldado romano,
perseguidor de cristãos.
Na porta da catacumba
encontrei-te novamente.
Mas quando vi você nua
caída na areia do circo
e o leão que vinha vindo,
dei um pulo desesperado
e o leão comeu nós dois.

Depois fui pirata mouro,
flagelo da Tripolitânia.

Toquei fogo na fragata
onde você se escondia
da fúria de meu bergantim.
Mas quando ia te pegar
e te fazer minha escrava,
você fez o sinal da cruz
e rasgou o peito a punhal...
Me suicidei também.

Depois (tempos mais amenos)
fui cortesão de Versailles,
espirituoso e devasso.
Você cismou de ser freira...
Pulei muro de convento
mas complicações políticas
nos levaram à guilhotina.

Hoje sou moço moderno,
remo, pulo, danço, boxo,
tenho dinheiro no banco.
Você é uma loura notável,
boxa, dança, pula, rema.
Seu pai é que não faz gosto.
Mas depois de mil peripécias,
eu, herói da Paramount,
te abraço, beijo e casamos.[6]

O poeta usa invariantes narrativas sob variações discursivas para mostrar que mudam as personagens, os espaços, os tempos e as circunstâncias, mas não se altera, a não ser nos tempos modernos, o resultado de um amor entre pessoas marcadas por diferenças raciais, religiosas, etc. As grandes histórias de amor constroem-se sob o signo da tragédia. Na época atual, essas diferenças são superadas. Observe-se que um dos amantes é a imagem especular do outro: "remo, pulo, danço, boxo"/"boxa, dança, pula, rema". As grandes oposições entre os que se amam são atenuadas e restringem-se a um "Seu pai é que não faz gosto". O amor tem um final feliz. Ao dizer-se herói da Paramount, fica claro o significado do poema. Nele o poeta ironiza os filmes holliwoodianos de final feliz. Eles banalizaram as grandes narrativas de amor construídas ao longo da História. Nestas, as diferenças entre os amantes eram profundas e significativas e o final sempre era a morte. Nos filmes americanos, as disparidades entre os amantes atenuam-se, tornam-se absolutamente banais ("Seu pai é que não faz gosto"), os desencontros (peripécias) são corriqueiros e o final é sempre feliz. Esses filmes esvaziaram as histórias de amor de sua dimensão trágica e, portanto, de sua grandeza.

Mais adiante, exploremos detalhadamente aspectos da sintaxe e da semântica discursivas.

NÍVEL DA MANIFESTAÇÃO

Quando se fala em percurso gerativo de sentido, a rigor se fala de plano de conteúdo. No entanto, não há conteúdo linguístico sem expressão linguística, pois um plano de conteúdo precisa ser veiculado por um plano de expressão, que pode ser de diferentes naturezas: verbal, gestual, pictórico, etc.

O percurso gerativo é um modelo que simula a produção e a interpretação do *significado, do conteúdo*. Na verdade, ele não descreve a maneira real de produzir um discurso, mas constitui, para usar as palavras de Denis Bertrand, um "simulacro metodológico", que nos permite ler um texto com mais eficácia. Esse modelo mostra aquilo que sabemos de forma intuitiva: que o sentido do texto não é redutível à soma dos sentidos das palavras que o compõem nem dos enunciados em que os vocábulos se encadeiam, mas que decorre de uma articulação dos elementos que o formam – que existem uma sintaxe e uma semântica do discurso.

Esse conteúdo descrito pelo modelo aqui exposto precisa unir-se a um plano de expressão para manifestar-se. Chamamos manifestação à união de um plano de conteúdo com um plano de expressão. Quando se manifesta um conteúdo por um plano de expressão, surge um texto. Discurso é uma unidade do plano de conteúdo, é o nível do percurso gerativo de sentido em que formas narrativas abstratas são revestidas por elementos concretos. Quando um discurso é manifestado por um plano de expressão qualquer, temos um texto. Poder-se-ia perguntar por que diferenciar a imanência (plano do conteúdo) da manifestação (união do conteúdo com a expressão), se não existe conteúdo sem expressão e vice-versa. Essa distinção é metodológica e decorre do fato de que um mesmo conteúdo pode ser expresso por diferentes planos de expressão. *Vidas secas*, de Graciliano Ramos, foi veiculado por um plano de expressão verbal (o romance) e por um plano de expressão pictórico, verbal, etc: (o filme). Mas poderia alguém objetar: quando se veicula um conteúdo por meio de distintos planos de expressão, esse conteúdo sofre certas alterações. É verdade. Essas mudanças no conteúdo decorrem basicamente de dois fatores: os efeitos estilísticos da expressão e as coerções do material.

No plano de expressão verbal, esses efeitos estilísticos são, entre outros, o ritmo, a aliteração, a assonância, as figuras retóricas de construção, etc. Quando o plano de expressão não apenas veicula um conteúdo (como acontece nos textos informativos), mas recria-o (como ocorre nos textos poéticos), novos sentidos são agregados pela expressão ao conteúdo. Observemos o poema "Chuva de pedra", de Augusto Meyer:

> Tombam gotas duras sobre a terra, saltam
> como seixos pequeninos, saltam,
> cada folha é um toldo que ressoa,
> soa
> pela terra o canto da saraiva boa.
>
> Cada rosa meiga é uma humildade mansa
> na carícia bruta.
>
> E canta a saraiva clara
> sobre a terra enxuta, sobre a terra boa.

Pedras, pingos pulam de alegria
como vidro moído, numa dança louca.

Ouve como soa
sobre a terra o baque da saraiva clara,
fria, fria, fria, numa chuva boa.[7]

Esse texto é descritivo, porque não narra a transformação de um estado a outro. Isso, porém, não quer dizer que ele não contenha os três níveis do percurso gerativo. Senão vejamos. O poema mostra o movimento das pedras que tombam do céu sobre a terra e o ruído que produzem ao tocar as folhas e as árvores. Aparece no texto uma nítida oposição entre um elemento ativo, a saraiva, e um passivo, a terra e tudo o que está a ela ligado. A oposição de base com que trabalha o texto é /dinamicidade/ (que caracteriza o momento da saraiva) *versus* /estaticidade/ (que marca o momento anterior a ela). No entanto, o texto não manifesta todo o percurso da sintaxe fundamental: afirmação da /estaticidade/; negação da /estaticidade/; afirmação da /dinamicidade/. O analista pode pressupô-lo: antes da saraiva, tudo estava parado, o silêncio imperava; tendo começado a cair a chuva de pedra, as gotas duras movem-se numa dança louca e tudo se enche de ruídos. O mesmo fato ocorre no nível narrativo. O texto não apresenta uma transformação, mas somente o estado final. A partir desse estado, depreende-se a transformação: a passagem de uma disjunção de um determinado lugar (sujeito) com o movimento e o ruído (objetos) para uma conjunção entre esses elementos.

Uma das características do texto descritivo poderia ser a manifestação de apenas um dos estados do nível narrativo (o inicial ou o final) e não da transformação completa (passagem de um estado a outro), bem como de apenas uma das fases do percurso sintático fundamental (ou a afirmação de *a* ou a negação de *a* ou a afirmação de *b*). A narração, ao contrário, manifestaria o percurso sintáxico fundamental inteiro e as transformações narrativas.

No nível discursivo, a conjunção do lugar onde cai a chuva com o movimento e o ruído aparece sob a forma de saraiva a tombar sobre a terra. Há uma oposição discursiva entre a atividade de saraiva e a passividade da terra ou dos elementos a ela ligados. Verbos e substantivos que indicam atividade se referem à chuva: tombam, saltam, cantam, pulam, dança, baque. Enquanto isso, a terra está inerte a receber a saraiva, as folhas ressoam o canto da chuva e as rosas são a "humildade mansa" a acolher a "carícia bruta". Algumas observações fazem-se necessárias sobre a organização dos elementos do nível discursivo: um sema /dureza/ está presente nos lexemas que se referem à chuva (gotas duras, seixos, vidros, pedras) para manifestar um sentido de agressividade no movimento da chuva; a atribuição à chuva de lexemas que, usualmente, combinam-se com elementos dotados do sema /humano/ ressalta, ao humanizar a saraiva, seu caráter ativo (*canto* da saraiva; pulam de *alegria*; *dança* louca); a comparação "como vidro moído" mostra o aspecto dos seixos pequeninos a cair. Além disso, os versos "Cada rosa meiga é uma humildade mansa/ na carícia bruta" revelam a passividade dos elementos da terra, manifestada pelos lexemas "meiga", "humildade" e "mansa", frente à agressividade da chuva de pedra. O oxímoro "carícia bruta" manifesta os contrários englobados pela saraiva. Ela é a carícia da chuva, cujas gotas tocam as rosas, mas é também a aspereza, a dureza da pedra. Para descrever ainda esse caráter contraditório da saraiva, atribui-se a gotas um epíteto não pertinente, "duras".

A beleza e a magia desse texto, no entanto, não estão nem no nível fundamental nem no narrativo. Mesmo a interessante organização dos elementos do nível discursivo não consegue explicar o singular encanto do poema. Na verdade, devemos buscá-lo no nível da manifestação, isto é, nos efeitos estilísticos da expressão. Ler esse texto é como estar vendo, sentindo e ouvindo uma chuva de pedra. O poema não apenas fala do movimento e do ruído da saraiva, mas recria-os no plano da expressão, dando-lhes uma dimensão sensível. Examinemos, pois, mais detidamente o plano da manifestação.

O ritmo predominante do poema é dado por um esquema acentual forte/fraca, forte/fraca... (Tómbam gótas dúras sóbre a térra, sáltam). Essa cadência é a recriação, no plano da expressão, do ritmo da queda das gotas duras sobre a terra. No entanto, o poema ressalta, por meio da quebra do ritmo, que o compasso da saraiva não é uniforme. Observe-se, por exemplo, o rompimento do ritmo no segundo verso da última estrofe: "Óuve cómo sóa/ sóbre a térra o báque da saráiva clára,/ fría, fría, fría, núma chúva bóa". No domínio da seleção fônica, pode-se observar, por exemplo: a predominância de oclusivas, que são momentâneas, no primeiro verso do poema, revela a pontualidade do tombar das gotas sobre a terra; a aliteração do /p/ no verso "Pedras, pingos pulam" manifesta o saltitar (iteratividade) ligeiro dos pingos em sua "dança louca", ou seja, sem obedecer a qualquer esquema; a oposição entre a assonância do /a/ e do /o/, respectivamente, vogais aberta e fechada ("E canta a saraiva clara; baque da saraiva clara" *versus* "cada folha é um toldo que ressoa/soa; ouve como soa, sobre") revela a oposição entre o ruído claro provocado pela saraiva e seu ressoar surdo provocado pela terra, pelas folhas; a assonância do /i/ em "vidro moído" explicita a agudeza da chuva, enquanto em "fria, fria, fria" a mesma reiteração vocálica, aliada à tríplice repetição do adjetivo, destaca a frialdade da chuva. A agudeza do /i/ opõe-se à gravidade do /u/ e do /o/ (Ouve como soa; numa chuva boa; sobre a terra enxuta, sobre a terra boa).

Deve-se observar ainda a colocação das palavras. Os dois primeiros versos terminam com a palavra "saltam". Saltar opõe-se a tombar, é o movimento que resulta da queda rápida. No segundo verso, "tombam" está implícito. Assim como os versos terminam com "saltam", a queda das gotas duras finaliza-se no salto. O quarto verso é constituído de uma só palavra, "soa", que está contida no último lexema do terceiro verso, "ressoa". Está recriado, assim, no plano da expressão, o eco, o ressoar do ruído das gotas duras, em que apenas parte dos sons emitidos é repetida.

São os efeitos estilísticos da expressão, ao criar a dimensão sensível da chuva de pedra, que dão a esse texto sua beleza. Principalmente na análise do texto poético, não pode o analista cingir-se ao plano do conteúdo, pois senão deixará de perceber a especificidade desse tipo de texto e não apreenderá a "totalidade" do sentido nele inscrito.

Operam ainda, no nível da manifestação, as coerções do material utilizado. O plano de expressão verbal, por exemplo, é linear, ou seja, nele um fonema vem depois do outro, uma palavra após a outra e assim sucessivamente. Já um plano de expressão pictórico tem como característica básica a simultaneidade dos elementos. Não se podem articular dois lexemas ao mesmo tempo, mas se podem realizar dois gestos simultaneamente. Além disso, cada plano de expressão trabalha com tipos de material diferente: um, com a cor; outro, com os sons, etc. Mesmo que dois planos de expressão, tais como duas línguas naturais diferentes, operem com o mesmo material (no caso, os sons), não são idênticos, pois cada um deles realiza uma seleção específica dos elementos de expressão a serem utilizados. Uma língua natural não usa exatamente os mesmos sons que outra. A coerção do material, de um lado, leva-nos a verificar que certos sentidos são mais bem veiculados por um plano de expressão que por outro; de outro, explica a dificuldade de tradução de textos poéticos.

Observe-se este poema de Oswald de Andrade:

Vício na fala
Para dizerem milho dizem mio
Para melhor dizem mió
Para pior pió
Para telha dizem teia
Para telhado dizem teiado
E vão fazendo telhados. [8]

Nesse poema, Oswald de Andrade opõe a esterilidade do culto à palavra correta à fecundidade da ação. Pessoas falam "erradamente", mas constroem. Para estabelecer essa oposição, trabalha com formas linguísticas divergentes (milho *versus* mio, etc.). A contraposição de formas linguísticas é essencial ao sentido do poema. Por isso, dificilmente esse texto poderia ser traduzido para uma linguagem pictórica.

Quando se traduz de uma língua para outra, a coerção do material leva à perda dos efeitos estilísticos de expressão que estão presentes no texto produzido na língua de partida. É por isso que Haroldo de Campos diz que a tradução do texto poético, que faz largo uso dos efeitos estilísticos da expressão, é uma transcriação.

> Oh, qui dira les torts de la rime?
> Quel enfant sourd ou quel nègre fou
> nous a forgé ce bijou d'un sou
> qui sonne creux et faux sous la lime? [9]

> Oh, quem mostrará os prejuízos da rima?
> Que criança surda ou que negro louco
> nos forjou esta joia de um centavo
> que soa oca e falsa sob a lima?

Nesses versos, ao queixar-se da escravidão da rima, o poeta extrai de seu uso belos efeitos. *Rime* é assimilada semanticamente a *lime*, o que a tradução conserva. No entanto perde-se, na tradução feita, a relação entre o /u/ acentuado e a valorização negativa. Com efeito, no poema, o /u/ tônico é próprio de uma série de termos de valor negativo (*sourd, fou, sou*) a que se assimilam o / ɔ / (*creux*) e o /o/ (*faux*).

No nível da manifestação, devem-se levar em conta, principalmente:

a) recursos fônicos, como aliteração e assonância:

> E fria, fluente, frouxa claridade
> flutua com as brumas de um letargo. [10]

b) recursos métricos e rítmicos:

> No meio das tabas de amenos verdores,
> Cercadas de troncos – cobertos de flores,
> Alteiam-se os tetos da altiva nação;
> São muitos seus filhos, nos ânimos fortes,
> Temíveis na guerra, que em densas coortes,
> Assombram das matas a imensa extensão. [11]

O esquema acentual cria um ritmo que dá uma dimensão sensível à batida dos tambores na festa indígena:

$$- \acute{-} - / - \acute{-} - / - \acute{-} - / - \acute{-} - /$$

c) recursos sintáticos, como paralelismos, estruturas frásicas, etc.

> The seed ye sow, another reaps;
> The wealth ye find, another keeps;
> The robes ye weave, another wears;
> The arms ye forge, another bears. [12]

> A semente que você semeia, outro colhe;
> A riqueza que você encontra, outro guarda;
> As roupas que você tece, outro veste;
> As armas que você forja, outro empunha.

d) figuras de construção, como repetição, quiasmo, gradação, etc.

> birth and copulation and death.
> That's all, that's all, that's all. [13]

> nascimento e cópula e morte.
> Isso é tudo, isso é tudo, isso é tudo.

Usamos alguns exemplos de outras línguas para mostrar que esses recursos não pertencem a uma língua específica, mas à linguagem. Não basta, no entanto, anotar que existem, no plano da manifestação, esses recursos. Durante muito tempo, nas escolas, mandava-se que os alunos identificassem e classificassem figuras, recursos fônicos, etc. No entanto, o exercício esgotava-se na identificação e na classificação. Feito dessa forma, o exercício não tem valor nem sentido. É preciso sempre mostrar a função do recurso da manifestação na economia geral de produção do sentido de um texto.

> Sex contains all, bodies, souls
> Meanings, proofs, purities, delicacies, results, promulgations
> Song, commands, health, pride, the maternal mistery, the seminal milk. [14]

> Sexo contém tudo, corpos, almas,
> significações, provas, purezas, finezas, consequências, divulgações, canção, ordens, saúde, orgulho, o mistério maternal e o leite seminal.

Nesse texto, ocorre uma enumeração caótica de palavras, em que os elementos mais díspares são colocados lado a lado, ganhando uma equivalência, para mostrar que o sexo não pode ser definido univocamente, porque contém uma multiplicidade de aspectos que se justapõem desordenadamente, desafiando qualquer classificação.

Depois de termos percorrido as etapas do percurso gerativo de sentido, vamo-nos dedicar a uma análise mais detalhada da sintaxe e da semântica do nível discursivo.

NOTAS

[1] Antonio Lages, Florilégio nacional, São Paulo, LES, 1957, 2º tomo , pp. 29-30.

[2] João Cabral de Melo Neto, Poesias completas (1940-1965), 3. ed., Rio de Janeiro, José Olympio, 1979, pp. 212-7.

[3] Gil Vicente, Auto de Mofina Mendes, em Obras completas de Gil Vicente, Porto, Lello, 1965, p. 518.

[4] Machado de Assis, Memórias póstumas de Brás Cubas, em Obra completa, Rio de Janeiro, Nova Aguilar, 1979, v. I, pp. 560-1.

[5] Manuel Bandeira, Estrela da vida inteira, 4. ed., Rio de Janeiro, José Olympio, 1973, pp. 146-7.

[6] Carlos Drummond de Andrade, Balada do amor atrás das idades, em Reunião, Rio de Janeiro, José Olympio, 1966, p. 22.

[7] Augusto Meyer, Chuva de pedra, em Poesias, Rio de Janeiro, Livraria São José, 1965, p. 26.

[8] Oswald de Andrade, Vício na fala, em Poesias reunidas, 5. ed., Rio de Janeiro, Civilização Brasileira, 1971, p. 125.

[9] Paul Verlaine, Art poétique, em Oeuvres poétiques completes, Paris, Gallimard, 1962, p. 327.

[10] Cruz e Souza, A lua, em Poesias completas, Rio de Janeiro, Edições de Ouro, 1965, p. 37.

[11] Gonçalves Dias, Poesia, 4. ed., Rio de Janeiro, Agir, 1967, p. 27.

[12] P. B. Shelley, Song to the man of England, em The Complete Works of Percy Bysshe Shelley, New York, Random House Inc., s. d., p. 611.

[13] T. S. Elliot, Fragment of an Agon, em Collected Poems, London, Faber and Faber Limited, 1968, p. 131.

[14] W. Whitman, A woman waits for me, em Leaves of Grass and Selected Prose by Walt Whitman, New York, Random House Inc., 1950, p. 85.

SINTAXE DISCURSIVA

um rio precisa de muita água em fios
para que todos os poços se enfrasem:
se reatando, de um para outro poço,
em frases curtas, então frase e frase,
até a sentença-rio do discurso único,
em que tem voz a seca que ele combate.

João Cabral de Melo Neto

Os esquemas narrativos são assumidos pelo sujeito da enunciação que os converte em discurso. A enunciação é o ato de produção do discurso, é uma instância pressuposta pelo enunciado (produto da enunciação). Ao realizar-se, ela deixa marcas no discurso que constrói. Por exemplo, o enunciador pode reproduzir ou não a enunciação no interior do enunciado. Quando se diz "Eu afirmo que o quadrado da hipotenusa é igual à soma do quadrado dos catetos", o enunciador coloca o sujeito da enunciação (*eu*) e o ato de enunciar (afirmo) no interior do enunciado. Quando se diz "O quadrado da hipotenusa é igual à soma do quadrado dos catetos", deixa-se fora do enunciado o simulacro do ato de enunciar. Mesmo quando os elementos da enunciação não aparecem no enunciado, a enunciação existe, uma vez que nenhuma frase se enuncia sozinha. Há sempre alguém (um *eu*) que diz que o quadrado da hipotenusa é igual à soma do quadrado dos catetos. Mesmo quando se simula a enunciação dentro do enunciado, de tal forma que se diga "Eu digo que a Terra gira em torno do Sol", haverá ainda assim uma instância pressuposta que terá produzido esse enunciado: "Eu digo (Eu digo que a Terra gira em torno do Sol)". Isso implica que é preciso distinguir duas instâncias: o *eu* pressuposto e o *eu* projetado no interior do enunciado. Teoricamente, essas duas instâncias não se confundem: a do *eu* pressuposto é a do enunciador e a do *eu* projetado no interior do enunciado é a do narrador. Como a cada *eu* corresponde um *tu*, há um *tu* pressuposto, o enunciatário, e um *tu* projetado no interior do enunciado, o narratário. Além disso, o narrador pode dar a palavra a personagens, que falam em discurso direto, instaurando-se então como *eu* e estabelecendo aqueles com quem falam como *tu*. Nesse nível, temos o interlocutor e o interlocutário.

O enunciador e o enunciatário são o autor e o leitor. Não são o autor e o leitor reais, de carne e osso, mas o autor e o leitor implícitos, ou seja, uma imagem do autor e do leitor construída pelo texto.

A enunciação define-se como a instância de um *eu-aqui-agora*. O *eu* é instaurado no ato de dizer: *eu* é quem diz *eu*. A pessoa a quem o *eu* se dirige é estabelecida como *tu*. O *eu* e o *tu* são os actantes da enunciação, os participantes da ação enunciativa. Ambos constituem o sujeito da enunciação, porque o primeiro produz o enunciado e o segundo, funcionando como uma espécie de filtro, é levado em consideração pelo *eu* na construção do enunciado. Com efeito, a imagem do enunciatário a quem o discurso se dirige constitui uma das coerções discursivas a que obedece o enunciador: não é a mesma coisa produzir um texto para um especialista numa dada disciplina ou para um leigo; para uma criança ou para um adulto. O *eu* realiza o ato de dizer num determinado tempo e num dado espaço. *Aqui* é o espaço do *eu*, a partir do qual todos os espaços são ordenados (*aí*, *lá*, etc.); *agora* é o momento em que o *eu* toma a palavra e, a partir dele, toda a temporalidade linguística é organizada. A enunciação é a instância que povoa o enunciado de pessoas, de tempos e de espaços. Por isso, a sintaxe do discurso, ao estudar as marcas da enunciação no enunciado, analisa três procedimentos de discursivização, a actorialização, a espacialização e a temporalização, ou seja, a constituição das pessoas, do espaço e do tempo do discurso. Como se produz um enunciado para comunicá-lo a alguém, o enunciador realiza um fazer persuasivo, isto é, procura fazer com que o enunciatário aceite o que ele diz, enquanto o enunciatário realiza um fazer interpretativo. Para exercer a persuasão, o enunciador utiliza-se de um conjunto de procedimentos argumentativos, que são parte constitutiva das relações entre o enunciador e o enunciatário.

A sintaxe do discurso abrange, assim, dois aspectos: a) as projeções da instância da enunciação no enunciado; b) as relações entre enunciador e enunciatário, ou seja, a argumentação. Na realidade, essas duas faces da sintaxe discursiva confundem-se, pois as diferentes projeções da enunciação no enunciado visam, em última instância, a levar o enunciatário a aceitar o que está sendo comunicado.

PROJEÇÕES DA ENUNCIAÇÃO DO ENUNCIADO

Se a enunciação se define a partir de um *eu-aqui-agora*, ela instaura o discurso-enunciado, projetando para fora de si os atores do discurso, bem como suas coordenadas espaçotemporais. Utiliza-se, para constituir o discurso, das categorias de pessoa, de espaço e de tempo. Nesse processo, ela faz uso de dois mecanismos básicos: a debreagem e a embreagem. Comparem-se estes dois enunciados:

Estou sozinho agora, aqui em meu escritório. Começo a pensar no que está acontecendo em minha vida.

André estava sozinho naquele momento em seu escritório. Começou a pensar no que estava acontecendo em sua vida.

No primeiro enunciado, estão projetados uma pessoa (eu), um tempo (agora) e um espaço (aqui). No segundo, uma pessoa (ele), um tempo (não agora = então) e um espaço (em algum lugar = alhures). Esses três elementos definem-se em relação à instância da enunciação: *ele* é aquele que não fala e aquele a quem não se fala; *então* é o tempo não relacionado diretamente ao momento da enunciação; *alhures* é o espaço não ordenado em relação ao *aqui*, onde se produz o enunciado. Nos dois casos, operou-se uma debreagem, que é o mecanismo em que se projeta no enunciado quer as pessoas (eu/tu), o tempo (agora) e o espaço (aqui) da enunciação, quer a pessoa (ele), o tempo (então) e o espaço (alhures) do enunciado. No primeiro caso (projeção do *eu-aqui-agora*), ocorre uma debreagem enunciativa; no segundo (projeção do ele-alhures-então), acontece uma debreagem enunciva.

A partir desse esquema básico, podem-se fazer inúmeras combinações. Na sua "Canção do exílio", Gonçalves Dias projeta no enunciado um *eu* e um *agora* e, ao mesmo tempo, um *aqui* (terra do exílio) e um *lá* (pátria), estabelecendo uma comparação repleta de subjetividade entre dois espaços enunciativos: o primeiro (aqui) é o lugar do exílio; o segundo, ordenado em relação ao *aqui* (lá), é a pátria distante. Nesse confronto, o *lá* é melhor do que o *aqui*.

> Minha terra tem palmeiras,
> Onde canta o Sabiá;
> As aves que aqui gorjeiam,
> Não gorjeiam como lá. [...]
>
> Minha terra tem primores,
> Que tais não encontro eu cá;
> Em cismar – sozinho à noite –
> Mais prazer encontro eu lá;
> Minha terra tem palmeiras,
> Onde canta o Sabiá. [...][1]

Há três tipos de debreagens enunciativas e três de enuncivas: as de pessoa (actancial), as de espaço (espacial) e as de tempo (temporal). A debreagem enunciativa projeta, pois, no enunciado o *eu-aqui-agora* da enunciação, ou seja, instala no interior do enunciado os actantes enunciativos (eu/tu), os espaços enunciativos (aqui, aí, etc.) e os tempos enunciativos (presente, pretérito perfeito 1, futuro do presente). A debreagem enunciva constrói-se com o *ele*, o *alhures* e o *então*, o que significa que, nesse caso, ocultam-se os actantes, os espaços e os tempos da enunciação. O enunciado é então construído com os actantes do enunciado (terceira pessoa), os espaços do enunciado (aqueles que não estão relacionados ao *aqui*) e os tempos do enunciado (pretérito perfeito 2, pretérito imperfeito, pretérito mais-que-perfeito, futuro do pretérito ou presente do futuro, futuro anterior e futuro do futuro).

Expliquemos melhor a debreagem temporal. A construção do tempo linguístico é feita, projetando-se ao momento da enunciação (o agora) a seguinte categoria:

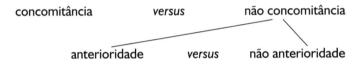

Feita essa projeção, criam-se três momentos de referência: um concomitante ao agora (o presente); um anterior ao agora (pretérito) e um posterior ao agora (futuro). Aplica-se a categoria /concomitância/ *versus* /não concomitância/ (/anterioridade/ *versus* /posterioridade/) a cada um desses momentos de referência e obtêm-se os momentos dos acontecimentos:

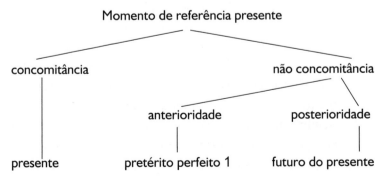

Vamos compreender melhor esses esquemas. A língua possui três sistemas temporais: um do presente, um do passado e um do futuro. Cada um possui uma concomitância, uma anterioridade e uma posterioridade. Por exemplo, quando se diz "O Brasil foi edificado sobre a injustiça", a forma *foi edificado* indica uma anterioridade ao presente: em algum momento antes do agora, o Brasil foi edificado sobre a injustiça. Quando se afirma "No dia 7 de setembro de 1822, D. Pedro proclamou a Independência", a forma verbal *proclamou* marca uma concomitância em relação a um momento de referência pretérito, 7 de setembro de 1822. Quando se diz "Quando eu chegar à casa, terei passado no supermercado", a forma composta *terei passado* assinala uma anterioridade a um momento de referência futuro, quando chegar à casa. O sistema do presente possui três tempos: presente (concomitância em relação ao agora); pretérito perfeito 1 (anterioridade em relação ao agora); futuro do presente (posterioridade em relação ao agora). O sistema do pretérito tem os seguintes tempos: pretérito perfeito 2 e pretérito imperfeito (concomitância em relação a um marco temporal pretérito: o perfeito indica uma ação acabada e o imperfeito, uma ação inacabada, em transcurso); pretérito mais-que-perfeito (anterioridade em relação a um marco temporal pretérito); futuro do pretérito (posterioridade em relação a um marco temporal pretérito). O sistema do futuro também constrói essas três relações: presente do futuro (concomitância em relação a um momento de referência futuro); futuro anterior (anterioridade a um momento de referência futuro), futuro do futuro (posterioridade a um momento de referência futuro).

Não se pode confundir os valores temporais com as formas usadas para expressá-los. Os valores temporais é que constituem, de fato, o tempo, que é a categoria pela qual se indica se um acontecimento é concomitante, anterior ou posterior em relação a um momento de referência presente, pretérito ou futuro, ordenado em relação ao momento da enunciação. A forma verbal chamada por nossa gramática escolar de pretérito perfeito serve para manifestar, na verdade, dois tempos diferentes: a anterioridade em relação ao momento de referência presente (por exemplo, "Assisti ao desfile da janela de meu apartamento": em algum momento anterior ao agora, assisti ao desfile) e a concomitância em relação a um marco temporal pretérito (por exemplo, "Em 1992, viajei pela Europa": viajei pela Europa dentro do momento de referência pretérito). Pelo fato de a mesma forma indicar dois tempos diferentes chamamos a um pretérito perfeito 1 e a outro de pretérito perfeito 2. A forma que, em nossa escola, é denominada futuro do presente expressa na verdade três tempos: posterioridade a um momento de referência presente (por exemplo, "Mandarei tudo para você": em algum momento depois do agora, mandarei tudo para você); concomitância em relação a um momento de referência futuro (por exemplo, "Quando você chegar, porei o peixe para assar": no momento de sua chegada, que é futura, porei o peixe para assar); posterioridade a um momento de referência futuro (por exemplo, "Depois que você chegar, sairei": a minha saída será posterior à sua chegada, que é futura). Para que não haja confusão entre esses valores, chamamos ao primeiro futuro do presente; ao segundo, presente do futuro; e ao terceiro, futuro do futuro. O chamado futuro do presente composto, na verdade, não expressa um tempo do sistema do presente, mas manifesta a anterioridade do futuro (por exemplo, "Quando você chegar, terei terminado meu trabalho": antes de sua chegada, que é futura, ocorrerá o término do meu trabalho). Por isso, esse tempo foi denominado futuro anterior.

Os advérbios de tempo organizam-se num sistema enunciativo, que se refere ao momento de referência presente; e num sistema enuncivo, que se relaciona a um momento de referência pretérito ou futuro. Por exemplo, *ontem*, *hoje* e *amanhã* indicam o dia anterior ao dia em que se fala, o dia em que se faz a enunciação e o dia posterior ao dia da produção do discurso. São, portanto, advérbios enunciativos. Já *na véspera*, *no mesmo dia* e *no dia seguinte* expressam, respectivamente, o dia anterior a um momento de referência pretérito ou futuro, o dia do momento de referência pretérito ou futuro e o dia posterior a um momento de referência pretérito ou futuro. São, pois, advérbios enuncivos. As expressões temporais construídas com o adjetivo *próximo* são enunciativas (por exemplo, *na próxima semana* é a semana posterior àquela em que se dá a enunciação); as expressões organizadas com o adjetivo *seguinte* são enuncivas (por exemplo, *na semana seguinte* é uma semana posterior à semana em que se localiza o momento de referência pretérito ou futuro).

O ato de narrar ocorre, por definição, no presente, dado que o presente, o agora, é o momento da fala (no caso, fala do narrador). Assim, o ato da narração é posterior à história contada, que, por conseguinte, é anterior a ele; por isso, o sistema do pretérito (pretérito perfeito 2, pretérito imperfeito, pretérito mais-que-perfeito e futuro do pretérito) é o conjunto de tempos por excelência da narração. No entanto, o narrador pode criar uma narração em que haja uma concomitância entre o tempo da narração e o dos acontecimentos narrados, para simular que eles acontecem no mesmo momento em que estão sendo contados. É o que acontece, por exemplo, quando se irradia um jogo de futebol: "Vágner Love vai levando a bola, passa por um, passa por dois, deixa para trás o zagueiro, está sozinho diante do goleiro, ajeita e chuta para gol". No entanto, isso é uma simulação, dado que o narrador narra depois de o lance ter acontecido, quando já é passado, embora muito recente. Nesse caso, usam-se os tempos do sistema do presente (presente, pretérito perfeito 1 e futuro do presente).

Existe também, embora muito rara, a chamada narrativa profética, em que os acontecimentos narrados são vistos como posteriores à narração. É o que pode acontecer em horóscopos, previsões metereológicas e profecias. Nesse caso, usa-se o subsistema do futuro (concomitância, anterioridade e posterioridade ao futuro). Cabe lembrar que, mesmo nesses textos chamados proféticos, muitas vezes usa-se o sistema do presente com valor de futuro ou, então, imagina-se o acontecimento futuro como algo já passado e faz-se uso do subsistema do passado. No livro do profeta Isaías, 2, 2-5, encontramos um exemplo de narrativa no futuro:

> Acontecerá nos últimos dias que a casa do Senhor terá seus fundamentos no cume dos montes e se elevará sobre os outeiros, e acorrerão a ela muitos povos e dirão: Vinde e subamos ao monte do Senhor e à casa do deus de Jacó. Ele nos ensinará os seus caminhos e nós andaremos pelas suas veredas, porque de Sião sairá a lei e de

Jerusalém, a palavra do Senhor. Ele julgará as nações e convencerá do erro muitos povos; os quais de suas espadas forjarão relhas [peça de ferro que, no arado, fura e levanta o solo] de arados e de suas lanças, foices; uma nação não levantará a espada contra outra, nem daí por diante se adestrarão mais para a guerra.

Esse é o esquema básico das articulações temporais. Não explica ele, evidentemente, todos os valores de cada uma das formas verbais, porque a seleção dos chamados tempos verbais implica também valores aspectuais e modais. A partir dessas articulações temporais, o narrador pode dispor os acontecimentos no texto: presentes, passados, passados em relação a um passado, etc.

As debreagens enunciativa e enunciva produzem dois tipos básicos de discurso: os de primeira e os de terceira pessoa. Essas duas espécies de debreagens produzem, respectivamente, efeitos de sentido de subjetividade e de objetividade, porque, na debreagem enunciativa, o *eu* coloca-se no interior do discurso, enquanto, na enunciva, ausenta-se dele. Os cânones do discurso científico prescrevem que não deve ele ser exposto em primeira pessoa, porque se pretende um discurso rigorosamente objetivo e, portanto, não vinculado à subjetividade do cientista, mas tão somente aos fatos estudados. O romance naturalista, por exemplo, prefere a narração em terceira pessoa, porque aspira a uma exposição científica dos fatos relatados. Zola, no prefácio à 2. edição de Thérèse Raquin, diz: "Começa-se, espero, a compreender que minha finalidade foi, antes de tudo, uma finalidade científica. [...] Apenas fiz sobre dois corpos vivos o trabalho analítico que os cirurgiões fazem sobre os cadáveres". Assim, narrar em primeira ou terceira pessoa é uma opção feita pelo enunciador, visando a transmitir efeitos de subjetividade ou de objetividade. Para verificar esse fato, observemos os dois textos seguintes. No primeiro, narrado em primeira pessoa, há uma explosão de subjetividade, enquanto, no segundo, constrói-se uma objetividade analítica que recobre a projeção do *eu* poético.

Vais encontrar o mundo, disse-me meu pai, à porta do Ateneu.
Coragem para a luta:
Bastante experimentei depois a verdade desse aviso, que me despia, num gesto, das ilusões de criança educada exoticamente na estufa de carinho, que é o regime do amor doméstico, diferente do que se encontra fora, tão diferente, que parece o poema dos cuidados maternos um artifício sentimental, com a vantagem única de fazer mais sensível a criatura à impressão rude do primeiro ensinamento, têmpera brusca da vitalidade na influência de um novo clima rigoroso. Lembramo-nos, entretanto, com saudade hipócrita, dos felizes tempos; como se a mesma incerteza de hoje, sob outro aspecto, não nos houvesse perseguido outrora e não viesse de longe a enfiada das decepções que nos ultrajam. Eufemismo, os felizes tempos, eufemismo apenas, igual aos outros que nos alimentam a saudade dos dias que correram como melhores. Bem considerando, a atualidade é a mesma em todas as datas. Feita a compensação dos desejos que variam, das aspirações que se transformam, alimentadas perpetuamente do mesmo ardor, sobre a mesma base fantástica de esperanças, a atualidade é uma. Sob a coloração cambiante das horas, um pouco de ouro mais pela manhã, um pouco mais de púrpura ao crepúsculo – a paisagem é a mesma de cada lado beirando a estrada da vida.
Eu tinha onze anos. [2]

Anoitecer
Esbraseia o Ocidente na agonia
O sol... Aves em bandos destacados,
Por céus de ouro e de púrpura raiados,
Fogem... Fecha-se a pálpebra do dia.

Delineiam-se, além da serrania
Os vértices de chama aureolados,
E em tudo, em torno, esbatem derramados
Uns tons suaves de melancolia.

Um mundo de vapores no ar flutua...
Como uma informe nódoa, avulta e cresce
A sombra à proporção que a luz recua...

A natureza apática esmaece...
Pouco a pouco, entre as árvores, a lua
Surge trêmula, trêmula... Anoitece. [3]

A oposição entre debreagem enunciativa e debreagem enunciva pode, em certos textos, ser a manifestação no discurso da oposição fundamental:

> As conversações no ajuntamento variavam em prós e contras. Havia alguns que diziam, corajosamente, como ouvi em bares: "Eles (os guerrilheiros) estão certos. Ninguém aguenta mais a situação". Outros condenavam, com coragem também e mesmo truculência.

> Nos dias seguintes ao sequestro do suíço, as batidas policiais esmurraram intensas e acondicionavam engarrafamentos cotidianos. Gigantescos e enervantes. Apanhei um ônibus apinhado. Apertava-nos um calor insuportável, afogueávamos comprimidos, sufocados. O barulho das buzinas, o ronco da desordem aumentavam a impaciência. Naquele inferno, um homem (aparentemente um representante comercial ou um vendedor) desenforcando-se da sua gravata, começou a invectivar os terroristas: "*eles*, dizia furioso, são os culpados. Só servem para atrapalhar quem trabalha. [...]"
> O desabafo no ônibus tinha seu público, como também as típicas frases agressivas contra os "políticos", os "governos", os "responsáveis". Pouco importava o parecer de cada um sobre o assunto, o debate tinha sempre um ar estranho, dubitativo, escorregadio. O que caracterizava essas discussões não era o valor relativo das opiniões, mas a maneira como as pessoas falavam dos "terroristas". Que se assemelhava, aliás, com a maneira que falavam dos "governantes".
> Contra ou a favor, os opinantes diziam sempre permanentemente: *eles*. [4]

A oposição de base sobre a qual se produz o sentido desse texto é /identidade/ *versus* /alteridade/. O povo não se sente participante do processo político, mas o vê como coisa de outros. Essa negação da /identidade/ e a afirmação da /alteridade/ manifestam-se, sempre que se fala dos acontecimentos, por uma debreagem enunciva e nunca por uma enunciativa. Não se coloca um *nós* no discurso, mas um *eles* (os terroristas, os políticos, etc.), porque os que falam não se sentem identificados com o que os *outros* fazem.

Além dos tipos de debreagens estudados, pode o enunciador operar debreagens internas, ou seja, de segundo grau. Isso ocorre

Baleia encostava a cabecinha fatigada na pedra. A pedra estava fria, certamente Sinha Vitória tinha deixado o fogo apagar-se muito cedo. Baleia queria dormir. Acordaria feliz, num mundo cheio de preás. E lamberia as mãos de Fabiano, um Fabiano enorme. As crianças se espojariam com ela num pátio enorme, num chiqueiro enorme. O mundo ficaria todo cheio de preás, gordos, enormes.[5]

Esse texto é a parte final do capítulo intitulado "Baleia", em que se narra que, estando a cachorra muito doente, Fabiano resolve matá-la. Dá-lhe um tiro de espingarda, mas a carga pega nos quartos traseiros. Ela foge, indo morrer ao longe. É a passagem de um estado de conjunção com a vida para o de disjunção com ela. Essa mudança de estado não é pontual, mas gradativa: a vida de Baleia vai-se esvaindo paulatinamente.

Ao longo do romance, enquanto os homens se colocam num patamar infra-humano, Baleia está num nível supra-animal, ou seja, situa-se no mesmo plano de Fabiano, Sinha Vitória, o menino mais velho e o menino mais novo. No texto apresentado, a cachorra quer saber o que acontecera, deseja passar de um estado de "ignorância" a um estado de "conhecimento" marcado pela certeza. No entanto, não atinge esse estado. Permanece na incerteza ("provavelmente, estava na cozinha"). No último parágrafo, a sucessão de futuros do pretérito indica o desejo, que não se realizará, de conjunção com a felicidade e abundância.

O texto, em discurso indireto livre, deixa ouvir as vozes do narrador ("Baleia respirava depressa") e de Baleia ("certamente Sinha Vitória tinha deixado o fogo apagar-se muito cedo"). A cachorra pode passar por estados de incerteza, expectativa, etc., próprios dos seres humanos, porque está num nível supra-animal. No entanto, não chega ao nível humano e, por isso, o narrador não poderia usar o discurso direto. Também não caberia, para a criação desses efeitos de sentido, o discurso indireto, pois, para utilizá-lo, o narrador teria que penetrar na mente do animal. O ressoar das duas vozes é o recurso perfeito para mostrar uma certa humanização da cachorra.

Não se usam aleatoriamente esses diferentes tipos de discurso. Seu emprego faz parte da arquitetura do texto com vistas a produzir determinados efeitos de sentido.

> *Soneto XIII. Via láctea.*
> "Ora (direis) ouvir estrelas! Certo
> Perdeste o senso!" Eu vos direi, no entanto,
> Que, para ouvi-las, muita vez desperto
> E abro as janelas, pálido de espanto...
>
> E conversamos toda a noite, enquanto
> A via láctea, como um pálio aberto,
> Cintila. E, ao vir do sol, saudoso e em pranto,
> Inda as procuro pelo céu deserto.
>
> Direis agora: "Tresloucado amigo!
> Que conversas com elas? Que sentido
> Tem o que dizem, quando estão contigo?"
>
> E eu vos direi: "Amai para entendê-las!
> Pois só quem ama pode ter ouvido
> Capaz de ouvir e de entender estrelas."[6]

No soneto, o narrador conta uma conversa hipotética (observe-se o uso dos verbos de dizer no futuro) entre ele e o narratário (um *tu* inscrito no discurso). Ao utilizar o discurso direto, simula o diálogo que se passa entre eles.

Esse soneto contém apenas uma das fases da sequência narrativa, a sanção, ou seja, o reconhecimento ou não de que se operou uma performance. As demais fases estão pressupostas. A performance é a conversa com as estrelas, a troca informativa com elas. O primeiro interlocutor afirma que essa performance não pode ter ocorrido e que imaginar o contrário é fruto da loucura. O segundo tenta persuadi-lo, narrando a performance. O primeiro, não convencido, quer informações sobre o conteúdo da conversa. O segundo mostra que a competência necessária para a comunhão participativa com as estrelas (o poder conversar) é o amor.

Cada interlocutor toma a palavra duas vezes. As duas falas do primeiro interlocutor são em discurso direto; as do segundo são, respectivamente, em discurso indireto na variante analisadora de conteúdo e em discurso direto. O poeta usa esses tipos de discurso para distinguir de maneira nítida dois pontos de vista: a possibilidade e a impossibilidade de conversar com as estrelas. No discurso direto, uma voz não contamina a outra. O narrador usa o discurso indireto para mostrar o que disse, no seu primeiro turno de fala, o segundo interlocutor, porque as duas instâncias enunciativas (narrador e segundo interlocutor) se confundem. Além disso, ao usar a variante analisadora de conteúdo, cria um efeito de sentido de objetividade com vistas a demonstrar que a performance não é o produto de uma mente desvairada. No segundo turno de fala do segundo interlocutor, usa-se o discurso direto, porque se pretende concentrar a força da afirmação de que é possível ouvir e entender estrelas nas palavras "reais" do participante do diálogo e não na análise "objetiva" de seu conteúdo. O que possibilita a conversa com os astros é o sentimento amoroso e não a razão.

Tomemos um outro exemplo:

8 de Abril
– Sabe o que D. Fidélia me escreveu agora? perguntou-me Aguiar. Que o Banco tome a si vender Santa-Pia.
– Creio que já ouvi falar nisso...
– Sim, há tempos, mas era ideia que podia passar; vejo agora que não passou.
– Os libertos têm continuado no trabalho?
– Têm, mas dizem que é por ela.
Não me lembra se fiz alguma reflexão acerca da liberdade e da escravidão, mas é possível, não me interessando em nada que Santa-Pia seja ou não vendida. O que me interessa particularmente é a fazendeira – esta fazendeira da cidade, que vai casar na cidade. Já se fala no casamento com alguma insistência, bastante admiração e provavelmente inveja. Não falta quem pergunte pelo Noronha. Onde está o Noronha? Mas que fim levou o Noronha?

Não são muitos que perguntam, mas as mulheres são mais numerosas, – ou porque as afligiam as lágrimas de Fidélia, – ou porque achem Tristão interessante, – ou porque não neguem beleza à viúva. Também pode ser que as três razões concorram juntas para tanta curiosidade; mas, enfim, a pergunta faz-se, e a resposta é um gesto parecido com esta ou outra resposta equivalente: – Ah! minha amiga (ou meu amigo), se eu fosse indagar onde param os mortos, andaria o infinito e acabaria na eternidade.

É engenhoso, mas não é bom, principalmente não é certo. Os mortos param no cemitério, e lá vai ter a afeição dos vivos, com as suas flores e recordações. Tal sucederá à própria Fidélia, quando para lá for; tal sucede ao Noronha, que lá está. A questão é que virtualmente não se quebre este laço, e que a lei da vida não destrua o que foi da vida e da morte. Creio nas afeições de Fidélia; chego a crer que as duas formam uma só, continuada. Quando eu era do corpo diplomático efetivo não acreditava em tanta cousa junta, eu era inquieto e desconfiado; mas, se me aposentei foi justamente para crer na sinceridade dos outros. Que os efetivos desconfiem.[7]

Nesse texto, narrado em primeira pessoa, especula-se sobre uma futura performance de Fidélia: vai ela casar-se novamente ou não, ou seja, vai entrar em conjunção com outro amor, disjungin-do-se do anterior ou não? Noronha, o primeiro marido, morrera; aparecera Tristão. Surge aí a questão: a conjunção com um novo amor implica a disjunção do anterior?

O texto começa com um diálogo entre Aguiar e o Conselheiro Aires. Nessa conversa, aquele transmite a este a informação de que Santa-Pia seria vendida. O narrador, retomando a palavra, não considera a informação nem boa nem ruim, mas simplesmente neutra, ou seja, desinteressante. Seu interesse está na performance da fazendeira. O discurso direto, usado no diálogo entre Aguiar e Aires, em oposição às considerações do narrador, marca a distinção entre as opiniões exteriorizadas por Aires e seu discurso interior, que revela seus reais interesses.

Em seguida, o narrador apresenta o querer saber dos outros. Entre esses, avultam as mulheres. Desejam saber se Fidélia vai casar-se. O narrador mostra os três motivos que induzem, separadamente ou em conjunto, a essa curiosidade: piedade pela viúva enlutada, reconhecimento dos encantos de Tristão, admissão da beleza de Fidélia. A pergunta é uma forma de manipulação, é uma maneira de fazer alguém dar uma informação. A resposta de Aires é uma afirmação de um não saber. O narrador (Aires) usa o discurso direto para relatar sua resposta. Por que o discurso direto, se o narrador está com a palavra? Para distinguir bem as opiniões exteriorizadas das mantidas no seu íntimo.

Depois da resposta, o narrador encerra a debreagem enunciativa de segundo grau e volta à debreagem enunciativa de primeiro grau, para narrar o que lhe vai no íntimo. Começa por julgar sua resposta aos outros: é o que deve ser (engenhoso, conveniente), mas não é nem correta nem boa, isto é, não é adequada nem do ponto de vista epistêmico nem do ponto de vista ético. A lei da vida (deve fazer) é estar em conjunção com outro; a lei da morte é manter o amor, manifestado por flores e recordações, pelos que já se foram. A viúva poderia manter a lei da vida e a da morte?

Há duas posições sobre isso, representadas pelos efetivos e pelos aposentados (o Conselheiro Aires). Aqueles não creem na possibilidade de juntar dois amores; este diz acreditar na reunião das duas afeições, que formariam uma só, continuada.

O narrador estabelece uma oposição entre um *eu* que crê e os outros que não creem, mas, ao mesmo tempo, opõe um *eu* anterior (do tempo do serviço ativo) a um posterior (do tempo da aposentadoria), mostrando que o primeiro não cria, enquanto o segundo o faz. Ao jogar com os dois tempos, o narrador cria dois enunciadores na debreagem actancial enunciativa de segundo grau. Embora afirme que hoje crê, o narrador não sobremodaliza sua crença com a certeza, para transformá-la em saber. Ao contrário, abre um espaço para a incerteza ("Que os efetivos desconfiem!"). Assim, ao mesmo tempo em que nega a descrença na instância da enunciação (a que remete ao *eu* que narra *aqui* e *agora*), reafirma-a na instância do enunciado (a que se refere aos efetivos). Dessa forma, dizendo sem ter dito, o narrador põe em xeque a sinceridade de Fidélia. Não o faz, entretanto, de maneira clara, mas instaurando uma ambiguidade no discurso por meio de oposições entre debreagens de primeiro e segundo grau, bem como entre um *eu* do agora e um *eu* do então.

Analisemos o segundo mecanismo de projeção da enunciação no enunciado: a *embreagem*. Nela ocorre uma suspensão das oposições de pessoa, de tempo ou de espaço. Assim, quando o pai diz ao filho "O papai não quer que você faça isto", suspende-se a oposição entre o *eu* e o *ele*, empregando-se a terceira pessoa em lugar da primeira. Quando se diz "Você lá que é que está fazendo no meu jardim?", emprega-se o *lá* no lugar do *aí*, advérbio que indica o lugar próximo da pessoa com quem se fala. Ao usar o presente no lugar do pretérito perfeito 2, em frases como "No dia 7 de setembro de 1822, D. Pedro proclama a Independência", suspende-se a oposição entre os dois tempos e emprega-se um pelo outro. A embreagem é utilizada para criar efeitos de sentido. Quando se emprega a terceira pessoa em lugar da primeira, cria-se um efeito de objetividade, porque se ressalta um papel social e não uma subjetividade. Muitos jogadores de futebol empregam a terceira pessoa para falar de si mesmos, mostrando ter consciência da personagem que encarnam. Quando se usa o *lá* no lugar do *aí*, o que se quer é retirar a pessoa com quem se fala do espaço enunciativo (*aqui* e *aí*, que marcam os lugares de quem fala e daquele com quem se fala), para manifestar-lhe uma certa distância. Quando se usa o presente no lugar do pretérito perfeito 2, o que se faz é aproximar o que se disse do momento da enunciação, para, de certa forma, reviver os fatos. É por isso que o chamado presente histórico (presente com valor de pretérito perfeito 2) é muito utilizado no relato de acontecimentos heroicos de uma nação.

RELAÇÕES ENTRE ENUNCIADOR E ENUNCIATÁRIO

A finalidade última de todo ato de comunicação não é informar, mas persuadir o outro a aceitar o que está sendo comunicado. Por isso, o ato de comunicação é um complexo jogo de manipulação com vistas a fazer o enunciatário crer naquilo que se transmite. Por isso, ele é sempre persuasão.

Nesse jogo de persuasão, o enunciador utiliza-se de certos procedimentos argumentativos visando a levar o enunciatário a admitir como certo, como válido o sentido produzido. A argumentação consiste no conjunto de procedimentos linguísticos e lógicos usados pelo enunciador para convencer o enunciatário. Por isso, não há sentido na divisão que se costuma fazer entre discursos argumentativos e não argumentativos, pois, na verdade, todos os discursos têm um componente argumentativo, uma vez que todos visam a persuadir. É claro que alguns se assumem como explicitamente argumentativos, como os discursos publicitários, enquanto outros não se apresentam como tal, como os discursos científicos, que se mostram como discursos informativos.

Não podemos, nos limites deste livro, estudar pormenorizadamente todos os procedimentos argumentativos. Eles vão desde o uso da norma linguística adequada (por exemplo, a não utilização da norma culta em situações de comunicação em que ela é exigida desacredita o falante) até o modo de organização do texto. Para chamar a atenção sobre os procedimentos argumentativos, vamos tratar de dois muito frequentes:

a) a ilustração;
b) as figuras de pensamento.

No procedimento da ilustração, o narrador enuncia uma afirmação geral e dá exemplos com a finalidade de comprová-la.

Dos que ascendem ao principado pelo crime

Há duas maneiras de tornar-se príncipe e que não se podem atribuir totalmente à fortuna ou ao mérito. Não me parece bem, portanto, deixar de falar nestes casos, se bem que deles se pudesse falar mais detidamente onde se trata das repúblicas. Estas maneiras são: chegar ao principado pela maldade, por vias celeradas, contrárias a todas as leis humanas e divinas; e tornar-se príncipe por mercê do favor de seus conterrâneos. Para nos referirmos ao primeiro destes modos, apresentarei dois exemplos, um antigo e outro moderno, sem entrar, contudo, no mérito desta parte, pois julgo que bastaria a alguém imitá-los se estivesse em condição de devê-lo fazer.

Agátocles Siciliano tornou-se rei de Siracusa, sendo não só de impura mas também de condição abjeta. Filho de um oleiro, teve sempre vida criminosa na sua mocidade. Acompanhava as suas maldades de tanto vigor de ânimo e de corpo que, ingressando na milícia, chegou a ser pretor de Siracusa, por força daquela maldade. Neste posto, deliberou tornar-se príncipe e manter, pela violência e sem favor dos outros, aquele poder que lhe fora concedido por acordo entre todos.

Acerca deste seu desígnio, entendeu-se com Amílcar, cartaginês, que estava com seus exércitos na Sicília e, certa manhã, reuniu o povo e o Senado de Siracusa, como se ele tivesse de consultá-lo sobre os negócios públicos. E a um sinal combinado fez que seus soldados matassem todos os senadores e os homens mais ricos da cidade. Mortos estes, apoderou-se do governo daquela cidade e o conservou sem nenhuma hostilidade por parte dos cidadãos.[8]

No nível narrativo, temos a passagem de um estado de disjunção com o poder para um estado de conjunção com ele (ascensão ao principado). No capítulo anterior, o narrador estudara duas formas de como essa mudança de estado pode operar-se: por merecimento ou por sorte (= fortuna). Nesse capítulo, começa por uma afirmação geral: há duas outras formas de um homem comum ascender ao principado, por meio de crimes ou mediante a escolha de seus concidadãos. Na verdade, essas duas maneiras são esquemas narrativos distintos. Na primeira, um sujeito desapossa outro(s) de seu poder, tomando-o para si. Na segunda, outros atribuem o poder a um sujeito.

Enunciado o esquema narrativo básico da primeira forma de chegada ao poder: desapossamento, tematizado por crime e tomada do poder, o narrador vai relatar dois casos particulares (nesse fragmento, apresentamos apenas um) que confirmam a verdade geral exposta. Por isso, a narrativa de como Agátocles Siciliano ascendeu ao principado é a particularização do princípio narrativo geral já exposto. Temos, então, o argumento por ilustração.

No caso, o recurso argumentativo utilizado pelo narrador é inteiramente adequado, porque o caso particular comprova a verdade geral enunciada e nenhum outro exemplo pode desmenti-la. Com efeito, mesmo que arrolássemos centenas de outros casos para mostrar que se pode atingir o principado de outras maneiras, o princípio exposto pelo narrador permaneceria válido, pois um único exemplar é suficiente para assegurar que se pode atingir o principado mediante crime.

O procedimento da ilustração é bastante adequado, quando se mostram várias maneiras de ser ou de fazer, porque, nesse caso, os contraexemplos não destroem a afirmação geral. Não costuma ser boa a utilização desse recurso quando a afirmação geral engloba uma totalidade. Se disséssemos que todos os ingleses são secos e déssemos um exemplo para ilustrar o que afirmamos, nossa argumentação poderia ser destruída por um único contraexemplo. Na verdade, bastaria mostrar que há um único inglês que se caracterize pelo calor humano para demonstrar que nem todos os ingleses são secos.

As chamadas *figuras de pensamento* também são empregadas pelo enunciador para fazer o enunciatário crer naquilo que ele diz.

Todos os manuais de retórica aludem à dificuldade de sistematizar as figuras de pensamento. Uma dessas dificuldades reside no fato de que uma figura pode ser constituída de outra ou de outras. Por exemplo, uma antítese pode ser constituída de duas hipérboles:

> Agora sobre as nuvens os subiam/ as ondas de Netuno furibundo, /agora a ver parece que desciam/ as íntimas entranhas do Profundo.[9]

Isso significa que nem todas as figuras de pensamento pertencem à mesma ordem de fenômenos. Há algumas figuras de pensamento que se constroem a partir de relações semânticas e outras que se estabelecem a partir de mecanismos da sintaxe discursiva. É destas que vamos tratar agora.

Há duas instâncias no discurso: a do enunciado e a da enunciação. Não se pensa aqui na instância da enunciação pressuposta por todo enunciado, mas nas marcas deixadas pela enunciação no enunciado (por exemplo, pronomes pessoais e possessivos, adjetivos e advérbios apreciativos, dêiticos temporais e espaciais, verbos performativos). Com as marcas da enunciação deixadas no enunciado pode-se reconstruir o ato enunciativo. Este não é da ordem do inefável, mas é tão material quanto o enunciado, na medida em que ele se enuncia. Podemos distinguir, pois, no texto, a enunciação enunciada e o enunciado enunciado. Aquela é o conjunto de elementos linguísticos que indica as pessoas, os espaços e os tempos da enunciação, bem como todas as avaliações, julgamentos, pontos de vista que são de responsabilidade do *eu*, revelados por adjetivos, substantivos, verbos, etc. O enunciado enunciado é o produto da enunciação despido das marcas enunciativas.

Há assim elementos do texto que remetem à instância da enunciação (o *eu* inscrito no discurso) e elementos que se referem à instância do enunciado (não *eu*). Por exemplo, quando na fábula do lobo e do cordeiro, de Fedro, se afirma a respeito do lobo "Então o ladrão...", o termo utilizado encerra uma avaliação do narrador, o que faz dele um elemento da enunciação enunciada.

O enunciador pode, em função de suas estratégias para fazer crer, construir discursos em que haja um acordo entre enunciado e enunciação ou discursos em que haja conflitos entre essas duas instâncias. É preciso sempre lembrar que a discordância entre enunciado e enunciação não é um desacordo entre um conteúdo manifestado e uma intenção comunicativa inefável, uma vez que as únicas intenções do sujeito que se podem apreender estão inscritas no discurso. Isso quer dizer que o conflito pode estabelecer-se entre o enunciado e a enunciação enunciada, ou seja, as marcas deixadas pela enunciação no enunciado, os elementos do discurso que remetem ao *eu* que o organiza.

Esses dois modos de construir o discurso impõem duas maneiras distintas de ler. No caso de um acordo entre enunciado e enunciação, o discurso x deve se lido como x; no caso oposto, o discurso x deve ser entendido como não x. É o caso, por exemplo, da ironia, quando o enunciador diz algo que deve ser compreendido como seu contrário.

Vamos descrever algumas figuras de pensamento. Antes, porém, cabe um lembrete. Como essas figuras retóricas são usadas como estratégia de persuasão, não há nenhum interesse em apreender figuras isoladas, como fazem os manuais escolares. O que importa é mostrar sua função na economia geral de produção de sentido de um texto.

As oposições entre enunciado e enunciação podem ser de dois tipos: categóricas e graduais. Estas se expressam como mais ou menos; aquelas, como afirmação e negação. A partir daí, produzem-se vários tipos de relações.

No âmbito das oposições categóricas

Antífrase ou Ironia

Quando se afirma no enunciado e se nega na enunciação, estabelece-se a figura que a retórica denominou antífrase ou ironia.

> Negrinha era uma pobre órfã de sete anos. Preta? Não; fusca, mulatinha escura, de cabelos ruços e olhos assustados.
> Nascera na senzala, de mãe escrava, e seus primeiros anos vivera-os pelos cantos escuros da cozinha, sobre velha esteira e trapos imundos. Sempre escondida, que a patroa não gostava de crianças.
> *Excelente* senhora, a patroa: Gorda, rica, dona do mundo, amimada dos padres, com lugar certo na igreja e camarote de luxo

reservado no céu. Entaladas as banhas no trono (uma cadeira de balanço na sala de jantar), ali bordava, recebia as amigas e o vigário, dando audiências, discutindo o tempo. Uma *virtuosa* senhora em suma — "dama de grandes virtudes apostólicas, esteio da religião e da moral", dizia o reverendo.

Ótima a Dona Inácia. [...]

A *excelente* Dona Inácia era mestra na arte de judiar de crianças. Vinha da escravidão, fora senhora de escravos – e daquelas ferozes, amigas de ouvir cantar o bolo e estalar o bacalhau. Nunca se afizera ao regime novo – essa indecência de negro igual a branco e qualquer coisinha – a policia! *"Qualquer coisinha": uma mucama assada ao forno porque se engraçou dela o senhor; uma novela de relho porque disse: "Como é ruim, a sinhá"...*

O 13 de maio tirou-lhe das mãos o azorrague, mas não lhe tirou da alma a gana. Conservava Negrinha em casa como remédio para os frenesis. *Inocente derivativo.*

– Ai! Como alivia a gente uma boa roda de cocres bem fincados!... [10]

Nesse conto, o narrador mostra a oposição entre a maneira como efetivamente é dona Inácia e a imagem que dela tinham as pessoas que a rodeavam (por exemplo, "dama de grandes virtudes apostólicas, esteio da religião e da moral") ou que ela fazia de si mesma ou de suas ações ("e qualquer coisinha: a polícia!"). O narrador vai pontuando o texto com antífrases, que destacamos. As expressões "excelente", "ótima", "qualquer coisinha", "inocente derivativo" remetem à instância do enunciado, uma vez que refletem os pontos de vista dos atores do enunciado (Dona Inácia, o reverendo, etc.). Já expressões como "mestra na arte de judiar de crianças", "uma mucama assada ao forno porque se engraçou dela o senhor", etc. revelam a avaliação do enunciador a respeito de dona Inácia. Desse conflito entre enunciado e enunciação enunciada depreende-se que, na voz do narrador, os termos do enunciado destacados querem dizer o contrário do que dizem. Está aí a antífrase. Sabemos que "qualquer coisinha", na voz do narrador, significa "ato extremamente violento", porque há um desacordo entre o enunciado ("qualquer coisinha", dito por dona Inácia) e a enunciação enunciada ("uma mucama assada ao forno"), que nos leva a perceber que o que se afirma no enunciado se nega na enunciação.

A antífrase, nesse texto, tem a função de chamar a atenção para a oposição entre o ser (o que efetivamente é) e o parecer de dona Inácia (a imagem que dela faziam os outros ou ela mesma). O desacordo entre enunciado e enunciação revela que dona Inácia se situa no âmbito da mentira: o que parece não é, assim como o que se diz não é o que se diz.

Lítotes

Quando se nega no enunciado e se afirma na enunciação, constrói-se a figura que a retórica denomina lítotes.

Quando se diz, num certo contexto, "Você parece não estar passando bem", deseja-se dizer "Você parece estar passando mal". Quando se diz que alguém não é nada bobo, pode-se estar querendo dizer que é esperto.

Sempre se definiu a lítotes como atenuação. Com isso, estabelece-se uma confusão entre mecanismo sintáxico produtor de um dado efeito de sentido e esse efeito. O mecanismo é um jogo de negação e afirmação, enquanto o efeito é de atenuação. Há autores que distinguem dois tipos de lítotes: uma em que se diz menos para dizer mais ("Tenho afeição por você" para significar "Amo-a") e outra, que é resultante de uma negação gramatical, em que, ao negar, afirma-se. Na verdade, esses autores tiveram necessidade de distinguir duas espécies de lítotes, porque uma está no âmbito das oposições graduais e outra no das oposições categóricas. Por isso, propomos chamar lítotes só o segundo tipo, enquanto o primeiro será englobado no eufemismo.

> Tem agradado muito o Tristão, e para crer que o merece basta dizer que a mim não me desagrada, ao contrário. É ameno, conversado, atento, sem afetação nem presunção; fala ponderado e modesto, e explica-se bem. Ainda não lhe ouvi grandes cousas, nem estas são precisas a quem chega de fora e vive em família; as que lhe ouvi são interessantes.[11]

O narrador, o Conselheiro Aires, nega no enunciado que Tristão lhe desagrade; em seguida, numa sequência de enunciação enunciada, afirma que ocorre o contrário e enumera as qualidades do rapaz. Do estrito ponto de vista linguístico, a frase "a mim não me desagrada", não pressupõe necessariamente que Tristão lhe agrade. A afirmação só surge da oposição entre enunciado e enunciação enunciada. No entanto, por que empregar a lítotes e não uma afirmação categórica? Porque a lítotes em lugar de uma afirmação clara produz um efeito de atenuação. Embora Tristão não desagrade ao Conselheiro, este não revela grande entusiasmo pelo rapaz. É para esse efeito de sentido que o narrador chama a atenção do narratário.

Poderia causar estranheza o fato de termos considerado a frase "a mim não me desagrada" como elemento do enunciado, uma vez que está ela em primeira pessoa. No entanto, cabe lembrar que se trata de um jogo do *eu*. Na verdade, o ponto de vista do *eu* narrador não está no dito, mas no dizer. Temos como que dois *eu*: o da enunciação e o do enunciado. O primeiro não demonstra muito entusiasmo pela pessoa que agradava a todos, mas vê nela uma série de qualidades; o segundo nega que o rapaz lhe desagrade.

Preterição

Quando se afirma no enunciado e se nega *explicitamente* na enunciação (e não implicitamente como na antífrase), ocorre a figura que a retórica denominou *preterição*. Nesse caso, o enunciador afirma textualmente que não pretende dizer o que disse, simula não querer dizer o que, contudo, disse claramente. Um belo exemplo de preterição ocorre na peça *Júlio César,* de Shakespeare. Antônio, em seu discurso no sepultamento de César (cena II do terceiro ato), desaprova a opinião de Brutus sobre César e, ao mesmo tempo, nega explicitamente que o faça; glorifica o morto e nega que o esteja fazendo. O narrador enumera as acusações de Brutus a César e afirma que Brutus é um homem honrado. Entretanto, em seguida elenca fatos (enunciado) que contrariam a opinião de Brutus. Com isso glorifica César e desaprova Brutus, embora negue explicitamente que o esteja fazendo.

Amigos, romanos, compatriotas, prestai-me atenção! *Estou aqui para sepultar César, não para glorificá-lo.* O mal que fazem os homens perdura depois deles! Frequentemente, o bem que fizeram é sepultado com os próprios ossos! Que assim seja com César! O nobre Brutus vos disse que César era ambicioso. Se assim foi, era uma grave falta e César a pagou gravemente. Aqui, com a permissão de Brutus e dos demais (pois Brutus é um homem honrado, como todos os demais são homens honrados), venho falar nos funerais de César. Era meu amigo, leal e justo comigo; mas Brutus diz que era ambicioso; e Brutus é um homem honrado. Trouxe muitos cativos para Roma, cujos resgates encheram os cofres do Estado. César, neste particular, parecia ambicioso? Quando os pobres deixavam ouvir suas vozes lastimosas, César derramava lágrimas. A ambição deveria ter um coração mais duro! Entretanto, Brutus disse que ele era ambicioso e Brutus é um homem honrado. Todos vós o vistes nas Lupercais: três vezes eu lhe apresentei uma coroa real e, três vezes, ele a recusou. Isto era ambição? Entretanto, Brutus disse que ele era ambicioso, e, sem dúvida alguma, Brutus é um homem honrado. *Não falo para desaprovar o que Brutus disse*, mas aqui estou para falar sobre aquilo que conheço! Todos vós já o amastes, não sem motivo. Que razão, então, vos detém, agora, para pranteá-lo?[12]

Reticência

Quando não se diz no enunciado e se diz na enunciação, constitui-se uma figura aparentada àquela que a retórica chamou reticência.

Nesse caso, suspende-se o enunciado e é a enunciação enunciada que nos indica o que seria dito se o enunciado fosse construído.

É, em *Memórias póstumas de Brás Cubas*, de Machado de Assis, que encontramos o mais radical exemplo desse procedimento. Na enunciação enunciada, o narrador dá seu ponto de vista a respeito do comportamento de Virgília e Brás Cubas: "e os dois vadios ali postos, a *repetirem o velho diálogo de Adão e Eva*" (destaques nossos). Em seguida aparece o título do capítulo seguinte: O velho diálogo de Adão e Eva.

```
Brás Cubas .................................................... ?
Virgília ....................................................
Brás Cubas ....................................................
....................................................
Virgília .................................................... !
Brás Cubas ....................................................
Virgília ....................................................
.................................... ? ....................
....................................
Brás Cubas ....................................
Virgília ....................................................
Brás Cubas ....................................................
.................................... ! ....................
.................................... ! ....................
.................................... !
Virgília ....................................................?
Brás Cubas .................................... !
Virgília .................................... !13
```

O narrador, depois de remeter o narratário à memória intertextual (a história bíblica de Adão e Eva), utiliza-se apenas das indicações dos interlocutores e de sinais de pontuação, bem como de brancos e não brancos. Assim, diz sem dizer, criando uma forte sugestão de erotismo.

No domínio das oposições graduais

a) Quando se atenua no enunciado e se intensifica na enunciação, ocorre a figura chamada eufemismo pela retórica. A seguir exemplificaremos esse procedimento num texto.

b) Quando se intensifica no enunciado e se atenua na enunciação, temos a *hipérbole*.

Nessas duas figuras, é preciso que o jogo atenuação/intensificação esteja presente no texto para que o enunciatário perceba que se trata de uma atenuação do sentido exato ou um exagero.

No romance *O coronel e o lobisomem*, de José Cândido de Carvalho, o narrador relata, em certa passagem, seu encontro com um lobisomem:

> De repente, relembrei estar em noite de lobisomem – era sexta-feira. [...] Já um estirão era andado, quando, numa roça de mandioca, adveio aquela figurão de cachorro, uma peça de vinte palmos de pelo e raiva [...] Dei um pulo de cabrito e preparado estava para a guerra do lobisomem. Por descargo de consciência, do que nem carecia, chamei os santos de que sou devocioneiro:
> – São Jorge, Santo Onofre, São José!
> Em presença de tal apelação, mais brabento apareceu a peste. Ciscava o chão de soltar terra e macega no longe de dez braças ou mais. Era trabalho de gelar qualquer cristão que não levasse o nome de Ponciano de Azeredo Furtado. Dos olhos do lobisomem pingava labareda, em risco de contaminar de fogo o verdal adjacente. Tanta chispa largava o penitente que um caçador de paca, estando em distância de bom respeito, cuidou que o mato estivesse ardendo. Já nessa altura eu tinha pegado a segurança de uma figueira e lá em cima, no galho mais firme, aguardava a deliberação do lobisomem. Garrucha engatilhada, só pedia que o assombrado desse franquia de tiro. Sabidão, cheio de voltas e negaças, deu ele de executar macaquice que nunca cuidei que um lobisomem pudesse fazer. Aquele par de brasas espiava aqui e lá na esperança de que eu pensasse ser uma súcia deles e não uma pessoa sozinha. O que o galhofista queria é que eu, coronel de ânimo desenfreado, fosse para o barro denegrir a farda e deslustrar a patente. Sujeito especial em lobisomem como eu não ia cair em armadilha de pouco pau. No alto da figueira estava, no alto da figueira fiquei. [14]

No decurso do romance, percebe-se uma oposição entre o fazer e o dizer do narrador. Nessa passagem, o narrador, que afirmara iria enfrentar o lobisomem, foge dele. Com um jogo de hipérboles ("uma peça de vinte palmos de pelo e raiva", "ciscava o chão de soltar terra e macega no longe de dez braças ou mais") e eufemismos ("Por descargo de consciência, do que nem carecia, chamei os santos de que sou devocioneiro"), o narrador simula uma coragem que não teve, oculta seu medo. Mas, ao velá-lo, desvela-o.

Em relação ao lobisomem, o enunciado intensifica o que a enunciação atenua. Ele "ciscava o chão de soltar terra e macega no longe de dez braças ou mais", "dos [seus] olhos pingava labareda, em risco de contaminar de fogo o verdal adjacente" e aí, segundo o ponto de vista do narrador, o lobisomem, que o enunciado descrevera como "vinte palmos de pelo e raiva", espiava aqui e lá, com uma precaução desnecessária, a levar o enunciado ao pé da letra, na esperança de que o coronel "pensasse ser uma súcia deles e não uma pessoa sozinha".

Em relação ao coronel, o enunciado atenua o que a enunciação enfatiza. Observe-se, por exemplo, o período "Já nessa altura tinha pegado a segurança de uma figueira, e lá em cima, no galho mais firme, aguardava a deliberação do lobisomem". Nele, a atenuação de "aguardava a deliberação do lobisomem" contrapõe-se à ênfase dada à segurança, por exemplo, pelo adjetivo no comparativo de superioridade "mais firme".

No seu fazer persuasivo, o enunciador procura criar efeitos de estranhamento com a finalidade de chamar a atenção do enunciatário para sua mensagem. Para isso, utiliza-se de recursos retóricos. Assim, o enunciatário, por meio de uma percepção inédita e inesperada, pode atentar melhor para certos elementos que estão sendo comunicados e aceitar mais facilmente o enunciado. Dizendo sem ter dito, simulando moderação para afirmar de maneira enfática, fingindo ênfase para dizer de maneira atenuada, o enunciador quer fazer crer. Quando há acordo entre enunciação e enunciado, o narrador trabalha com verdades e falsidades. Quando ele instaura um conflito entre essas duas instâncias, manipula o segredo e a mentira: o que parece dizer não diz; o que não parece dizer, diz. Com efeito, esses procedimentos retóricos operam no âmbito da simulação (/parecer/ e /não ser/) ou da dissimulação (/não parecer/ e /ser/). Cabe ao enunciatário perceber esse segredo ou essa mentira no seu fazer interpretativo. O acordo entre enunciado e enunciação funda a previsibilidade, a normalidade, a certeza, a não contraditoriedade, enquanto o desacordo constitui o terreno da imprevisibilidade, da incerteza, da anormalidade, da labilidade, da contraditoriedade.

Desse ponto de vista, os mecanismos retóricos não são ornatos que se possam suprimir, mas constituem uma maneira insubstituível de dizer. Aliás, não deveriam ser chamados figuras, mas procedimentos, mecanismos. Fazem parte dos recursos de persuasão do enunciatário pelo enunciador, pois, instaurando no discurso o segredo e a mentira, desvelam uma nova verdade, produzem um novo saber, descobrem significados, encobrindo-os.

NOTAS

[1] Gonçalves Dias, Poesia, 4. ed., Rio de Janeiro, Agir, 1967, pp. 11-2.

[2] Raul Pompeia, O Ateneu: crônica de saudades, 4. ed., São Paulo, Ática, 1976, p. 11.

[3] Raimundo Correia, Anoitecer, em Antonio Lages, Florilégio nacional, São Paulo, LES, 1957, p. 129.

[4] Herbert Daniel, Passagem para o próximo sonho, Rio de Janeiro, Codecri, 1982, p. 106.

[5] Graciliano Ramos, Vidas secas, São Paulo, Martins, 1971, pp. 133-4.

[6] Olavo Bilac, Soneto XIII, Via Láctea, em Olavo Bilac, Poesia, 24. ed., Rio de Janeiro, Agir, pp. 47-8.

[7] Machado de Assis, Memorial de Aires, em Obra completa, Rio de Janeiro, Nova Aguilar, 1979, v. I, pp. 1190-1.

[8] Nicolau Maquiavel, O príncipe: escritos políticos, 4. ed., São Paulo, Nova Cultural, 1987, p. 35.

[9] Luís de Camões, Os Lusíadas, VI, 76, 1-4.

[10] Monteiro Lobato, Negrinha, em Monteiro Lobato: textos escolhidos, Rio de Janeiro, Agir, 1967, pp. 74-6.

[11] Machado de Assis, Memorial de Aires, em Obra completa, Rio de Janeiro, Nova Aguilar, 1979, v. I, p. 1134.

[12] Shakespeare, Obra completa, Rio de Janeiro, Nova Aguilar, 1989, p. 449.

[13] Machado de Assis, Memórias póstumas de Brás Cubas, em Obra completa, Rio de Janeiro, Nova Aguilar, 1979, v. I, pp. 569-70.

[14] José Cândido de Carvalho, O coronel e o lobisomem, 8. ed., Rio de Janeiro, José Olympio, 1971, p. 178-9.

SEMÂNTICA DISCURSIVA

Fazer com que a palavra frouxa
ao corpo da coisa adira:
fundi-la em coisa, espessa, sólida,
capaz de chocar com a contígua.
Não deixar que saliente fale:
sim, obrigá-la à disciplina
de proferir a fala anônima,
comum a todas de uma linha.

João Cabral de Melo Neto

No nível narrativo, temos esquemas abstratos: por exemplo, um sujeito entra em conjunção com a riqueza, um sujeito opera uma disjunção entre alguém e a vida. Mas quem são esses sujeitos? A conjunção com a riqueza se deu como? Tirar a vida de alguém foi crime ou legítima defesa? É a semântica discursiva que reveste e, por isso, concretiza as mudanças de estado do nível narrativo.

Mas como se faz essa concretização? Analisemos dois textos:

Círculo vicioso
Bailando no ar, gemia inquieto vagalume:
"Quem me dera, que fosse aquela loura estrela,
que arde no eterno azul, como uma eterna vela!"
Mas a estrela, fitando a lua, com ciúme:

"Pudesse eu copiar o transparente lume,
Que, da grega coluna à gótica janela,
Contemplou, suspirosa, a fronte amada e bela!"
Mas a lua, fitando o sol, com azedume:

"Mísera! tivesse eu aquela enorme, aquela
Claridade imortal, que toda a luz resume!"
Mas o sol, inclinando a rútila capela:

"Pesa-me esta brilhante auréola de nume...
Enfara-me esta azul e desmedida umbela...
Por que não nasci eu um simples vagalume?"[1]

> O ser humano nunca está contente com o que é,
> sempre almeja ser como é o outro. Sempre aspira
> a ser mais. No entanto, se está no ápice,
> julga que a posição lhe pesa e deseja ser menos.

Esses dois textos dizem praticamente a mesma coisa. No nível narrativo, temos o reconhecimento de um estado e o querer estar em conjunção com algo mais ou estar em disjunção quando se tem o máximo de alguma coisa. Apesar desse sentido comum, os dois textos são muito diferentes. É preciso ver em que consiste essa diferença.

O segundo é mais abstrato do que o primeiro. Ele fala da insatisfação de todo ser humano com sua condição e do consequente desejo de alterá-la. Esse texto é uma concretização do nível narrativo: o sujeito da narrativa é o ser humano, o saber não ser (reconhecimento de um estado) aparece sob a forma da insatisfação, o querer ser manifesta-se como desejo, etc. O primeiro texto diz basicamente a mesma coisa. Entretanto, é mais concreto: o ser humano (sujeito do nível narrativo) aparece sob a forma de vagalume, estrela, lua, sol; o algo mais desejado manifesta-se como luminosidade cada vez mais intensa, etc. O segundo texto é não figurativo ou temático; o primeiro é um texto figurativo.

TEMAS E FIGURAS

Podem-se revestir os esquemas narrativos abstratos com temas e produzir um discurso não figurativo ou podem-se, depois de recobrir os elementos narrativos com temas, concretizá-los ainda mais, revestindo-os com figuras. Assim, tematização e figurativização são dois níveis de concretização do sentido. Todos os textos tematizam o nível narrativo e depois esse nível temático poderá ou não ser figurativizado.

A oposição entre tema e figura remete, em princípio, à oposição abstrato/concreto. No entanto, é preciso ter em mente que concreto e abstrato não são termos polares que se opõem de maneira absoluta, mas constituem um *continuum* em que se vai, de maneira gradual, do mais abstrato ao mais concreto. A figura é o termo que remete a algo existente no mundo natural: árvore, vagalume, sol, correr, brincar, vermelho, quente, etc. Assim, a figura é todo conteúdo de qualquer língua natural ou de qualquer sistema de representação que tem um correspondente perceptível no mundo natural. Considerar gradual a oposição concreto/abstrato permite aplicar essa categoria a todas as palavras lexicais e não apenas aos substantivos, como sempre fez a gramática. Quando se diz que a figura remete ao mundo natural, pensa-se não só no mundo natural efetivamente existente, mas também no mundo natural construído. É o caso, por exemplo, de um texto de ficção científica em que apareça um ser que em lugar dos pés tenha rodinhas para se locomover, que não tenha carne, mas um revestimento de pedra, etc. Esse ser é uma figura de um mundo natural construído. Tema é um investimento semântico, de natureza puramente conceptual, que não remete ao mundo natural. Temas são categorias que organizam, categorizam, ordenam os elementos do mundo natural: elegância, vergonha, raciocinar, calculista, orgulhoso, etc.

Já vimos que, dependendo do grau de concretude dos elementos semânticos que revestem os esquemas narrativos, há dois tipos de texto: os figurativos e os temáticos. Os primeiros criam um efeito de realidade, pois constroem um simulacro da realidade, representando, dessa forma, o mundo; os segundos procuram explicar a realidade, classificam e ordenam a realidade significante, estabelecendo relações e dependências. Os discursos figurativos têm uma função descritiva ou representativa, enquanto os temáticos têm uma função predicativa ou interpretativa. Aqueles são feitos para simular o mundo; estes, para explicá-lo.

É importante ressaltar que, quando se fala em textos figurativos e temáticos, fala-se, respectivamente, em textos predominantemente, e não exclusivamente, figurativos e temáticos. Com efeito, em geral, aparecem algumas figuras nos textos temáticos ou alguns temas nos textos figurativos. A classificação decorre assim da dominância de elementos abstratos ou concretos e não de sua exclusividade.

Quando tomamos um texto figurativo, precisamos descobrir o tema subjacente às figuras, pois para que estas tenham sentido precisam ser a concretização de um tema, que, por sua vez, é o revestimento de um esquema narrativo.

O almocreve

Vai então, empacou o jumento em que eu vinha montado; fustiguei-o, ele deu dois corcovos, depois mais três, enfim mais um, que me sacudiu fora da sela, com tal desastre, que o pé esquerdo me ficou preso no estribo; tento agarrar-me ao ventre do animal, mas já então, espantado, disparou pela estrada afora. Digo mal: tentou disparar, e efetivamente deu dous saltos, mas um almocreve, que ali estava, acudiu a tempo de lhe pegar a rédea e detê-lo, não sem esforço nem perigo. Dominado o bruto, desvencilhei-me do estribo e pus-me de pé.

– Olhe do que vosmecê escapou, disse o almocreve.

E era verdade; se o jumento corre por ali fora, contundia-me deveras, e não sei se a morte não estaria no fim do desastre; cabeça partida, uma congestão, qualquer transtorno cá dentro, lá se me ia a ciência em flor. O almocreve salvara-me talvez a vida; era positivo; eu sentia-o no sangue que me agitava o coração. Bom almocreve! enquanto eu tornava à consciência de mim mesmo, ele cuidava de consertar os arreios do jumento, com muito zelo e arte. Resolvi dar-lhe três moedas de ouro das cinco que trazia comigo; não porque tal fosse o preço da minha vida – essa era inestimável; mas porque era uma recompensa digna da dedicação com que ele me salvou. Está dito, dou-lhe as três moedas.

– Pronto, disse ele, apresentando-me a rédea da cavalgadura.

– Daqui a nada, respondi; deixa-me, que ainda não estou em mim...

– Ora qual!

– Pois não é certo que ia morrendo?

– Se o jumento corre por aí fora, é possível; mas, com a ajuda do Senhor, viu vosmecê que não aconteceu nada.

Fui aos alforges, tirei um colete velho, em cujo bolso trazia as cinco moedas de ouro, e durante esse tempo cogitei se não era excessiva a gratificação, se não bastavam duas moedas. Talvez uma. Com efeito, uma moeda era bastante para lhe dar estremeções de alegria. Examinei-lhe a roupa; era um pobre-diabo, que nunca jamais vira uma moeda de ouro. Portanto, uma moeda. Tirei-a, vi-a reluzir à luz do sol; não a viu o almocreve, porque eu tinha-lhe voltado as costas; mas suspeitou-o talvez, entrou a falar ao jumento de modo significativo; dava-lhe conselhos, dizia-lhe que tomasse juízo, que o "senhor doutor" podia castigá-lo; um monólogo paternal. Valha-me Deus! até ouvi estalar um beijo: era o almocreve que lhe beijava a testa.

– Olé! exclamei.

– Queira vosmecê perdoar, mas o diabo do bicho está a olhar para a gente com tanta graça...

Ri-me, hesitei, meti-lhe na mão um cruzado em prata, cavalguei o jumento, e segui a trote largo, um pouco vexado, melhor direi um pouco incerto do efeito da pratinha. Mas a algumas braças de distância, olhei para trás, o almocreve fazia-me grandes cortesias, com evidentes mostras de contentamento. Adverti que devia ser assim mesmo; eu pagara-lhe bem, pagara-lhe talvez demais. Meti os dedos no bolso do colete que trazia no corpo e senti umas moedas de cobre, eram os vinténs que eu devera ter dado ao almocreve, em lugar do cruzado de prata.[2]

Esse texto é figurativo. Nele representa-se o mundo com termos como cavalo, estribo, almocreve, segurar as rédeas, moedas de ouro, cruzado de prata, vinténs de cobre, etc. É necessário que, na leitura, encontremos os temas subjacentes que dão sentido a essas figuras. São basicamente três esses temas: o acidente, a salvação, o valor da recompensa. Esses temas são concretizações de esquemas narrativos: há uma performance em que um sujeito tira a vida de outro; essa performance, embora possível, não chega a concretizar-se porque um terceiro sujeito impede sua realização; há, em seguida, uma sanção em que o sujeito que não entrou em disjunção com a vida reconhece que o terceiro sujeito é que impediu que a disjunção se desse e, por isso, recompensa-o.

A performance não realizada é tematizada como um acidente (em outro texto poderia ser tematizada como tentativa de homicídio) e, posteriormente, figurativizada como os corcovos de um cavalo que derrubam um cavaleiro da sela, que, ao cair, prende o pé no estribo. O ato de impedir a realização dessa performance é tematizado como salvação e figurativizado por segurar a rédea e deter o animal. A recompensa é tematizada como oferecimento de um bem material, figurativizado como dinheiro. Aí aparece o tema principal do texto: o valor da recompensa não é fixado pelo valor do ato, mas pelo valor de quem o faz. O narrador, à medida que vai desvalorizando o almocreve, vai diminuindo o valor da recompensa, o que é figurativizado pelo seu valor pecuniário decrescente: três moedas de ouro, duas, uma, um cruzado de prata, uns vinténs de cobre. O narrador deu ao almocreve um cruzado de prata, mas arrependeu-se pois chegou à conclusão de que pagara demais e de que deveria ter-lhe dado uns vinténs de cobre.

Em todo texto, temos um nível de organização narrativa, que será tematizado. Posteriormente, o nível de organização temática poderá ou não ser figurativizado. O nível temático dá sentido ao figurativo e o nível narrativo ilumina o temático. A tematização pode ser manifestada diretamente, sem a cobertura figurativa. Temos então os textos temáticos. No entanto, não há texto figurativo que não tenha um nível temático subjacente, pois este é um patamar de concretização do sentido anterior à figurativização.

Um mesmo esquema narrativo pode ser tematizado de diferentes maneiras. A disjunção com a vida pode tematizar-se como morte natural, assassinato, morte acidental, etc. Por sua vez, o mesmo tema pode ser figurativizado de diversos modos. Pode-se figurativizar o tema do exotismo com sol, palmeiras, mulatas desnudas, samba, praias, ou ainda com pinheiros, neve, esportes de inverno, casacos de pele.

Gastei trinta dias para ir do Rocio Grande ao coração de Marcela, não já cavalgando o corcel do cego desejo, mas o asno da paciência a um tempo manhoso e teimoso. Que, em verdade, há dous meios de granjear a vontade das mulheres: o violento, como o touro de Europa, e o insinuativo, como o cisne de Leda e a chuva de ouro de Dânae, três inventos do padre Zeus, que, por estarem fora da moda, aí ficam trocados no cavalo e no asno.[3]

Esse texto é magnífico do ponto de vista da análise do discurso, pois nele Machado de Assis desvela o problema dos procedimentos de tematização e figurativização. No nível narrativo, ocorre a passagem de um estado de disjunção com o amor para um estado de conjunção com ele. Essa transformação é tematizada como conquista amorosa. O próprio narrador explica que dois temas distintos podem revestir a conjunção com o amor: a conquista amorosa violenta e a conquista amorosa insinuativa. A primeira é figurativizada pelo galope impetuoso do corcel do cego desejo; a segunda, pelo lento caminhar do asno da paciência a um tempo manhoso e teimoso. O narrador, depois de apresentar as figuras, mostra os temas que subjazem a elas. Em seguida, para deixar patente que o tema é a constante e as figuras, as variáveis, figurativiza os mesmos temas de uma outra maneira. Para isso, usa três narrativas mitológicas, em que Zeus, desejando conquistar Europa, Leda e Dânae, transforma-se, respectivamente, em touro, cisne e chuva de ouro. Além disso, revela, ao dizer que as figuras da mitologia grega estão fora de moda e que, por isso, ficam no texto trocadas pelo asno e o corcel, que o estoque das figuras utilizadas é um dos componentes de uma dada cultura.

Pode ocorrer o contrário: as mesmas figuras podem manifestar temas diversos. Tomemos, por exemplo, o seguinte conjunto de figuras: tapetes persas, estantes de mogno, livros encadernados em couro, chá às cinco, serviço de chá em prata, porcelana de Sèvres, homens de terno e gravata, mulheres em *tailleur* e com colares de pérolas. Dependendo do texto em que essas figuras estiverem inseridas, podem concretizar, por exemplo, o tema do requinte ou do arcaísmo. Isso significa que uma figura sozinha não produz sentido, é a relação entre elas que o faz.

Quando se fixa uma relação entre temas e figuras, há um processo de simbolização. Nele estabelece-se para uma dada figura uma determinada interpretação temática. O símbolo pode então ser definido como uma figura cuja interpretação temática é fixa. A mulher de olhos vendados com uma balança na mão (figura) simboliza a Justiça (tema); a coruja, a Sabedoria, etc. O símbolo é sempre um elemento concreto a veicular um conteúdo abstrato.

PERCURSOS FIGURATIVOS E PERCURSOS TEMÁTICOS

Como encontrar o tema subjacente às figuras? Não é com o significado de uma figura isolada que vamos até o tema, pois, se procedermos assim, chegaremos a interpretações totalmente fantasiosas que não encontram amparo no texto. Mais adiante trataremos do problema da pluralidade de leituras. Agora, é preciso analisar como funcionam as figuras num texto. Para isso, observemos os lexemas, ou seja, as palavras que se acham no léxico de uma língua.

O termo *olho* significa "cada um dos dois glóbulos situados na parte anterior da cabeça que constituem o órgão da visão". Tomemos algumas frases:

a) Pedro vazou o olho de João numa briga.

b) Interroguei-o com os olhos fixos no seu rosto.

c) O que engorda o porco é o olho do dono.

d) Analisa tudo com olho crítico.

Na frase a), o lexema *olho* aparece com a significação definida anteriormente; em b), significa "olhar"; em c), "vigilância revelada pelo olhar", em d), "disposição".

Por esses exemplos observamos que cada lexema possui um núcleo significativo (no caso, órgão da visão), suscetível de ser analisado em detalhe, e, a partir desse núcleo, vários sentidos podem desenvolver-se. Essas possibilidades significativas são múltiplas, mas não infinitas. Ao contrário, elas são bem delimitadas, porque todos esses sentidos virtuais estão, de alguma maneira, relacionados ao chamado núcleo estável de significação. Por isso, um lexema é uma organização virtual de sentido, que, embora possuindo um núcleo permanente, realiza-se de maneira distinta nos diferentes contextos em que se encontra.

Até agora fizemos a análise do lexema isolado, estudamos suas múltiplas possibilidades de significação a partir de seus empregos em frases. Que é que acontece, porém, quando não trabalhamos com enunciados isolados, mas com textos? Nesse caso, verificamos que as figuras estabelecem entre si relações, formam uma rede. Aliás, devemos ter sempre presente que texto quer dizer tecido. O que interessa, pois, na análise textual é esse encadeamento de figuras, esse tecido figurativo. Ler um texto não é apreender figuras isoladas, mas perceber relações entre elas, avaliando a trama que constituem. A esse encadeamento de figuras, a essa rede relacional reserva-se o nome de percurso figurativo. No texto verbal, um conjunto de figuras lexemáticas relacionadas compõem um percurso figurativo.

Para que um conjunto de figuras ganhe um sentido, precisa ser a concretização de um tema, que, por sua vez, é o revestimento de enunciados narrativos. Por isso, ler um percurso figurativo é descobrir o tema que subjaz a ele.

Exemplifiquemos com os textos que seguem:

É uma sala em quadro, toda ela de uma alvura deslumbrante, que realça o azul celeste do tapete de rico recamado de estrelas e a bela cor de ouro das cortinas e do estofo dos móveis.
A um lado, duas estatuetas de bronze dourado representando o amor e a castidade sustentam uma cúpula oval de forma ligeira donde se desdobram até o pavimento bambolins de cassa finíssima.

Por entre a diáfana limpidez dessas nuvens de linho percebe-se o molde elegante de uma cama de pau-cetim pudicamente envolta em seus véus nupciais, e forrada por uma colcha de chamalote também cor de ouro.

Do outro lado, há uma lareira, não de fogo, que o dispensa nosso ameno clima fluminense, ainda na maior força do inverno. Essa chaminé de mármore cor de rosa é meramente pretexto para o cantinho de conversação, pois não podemos chamá-lo como os franceses *coin du feu*.[4]

O quarto respirava todo um ar triste de desmazelo e boêmia. Fazia má impressão estar ali: o vômito de Amâncio secava-se no chão, azedando o ambiente; a louça, que servira o último jantar, ainda coberta de gordura coalhada, aparecia dentro de uma lata abominável, cheia de contusões e roída de ferrugem. Uma banquinha encostada à parede dizia com seu frio aspecto desarranjado que alguém estivera aí a trabalhar durante a noite, até que se extinguira a vela, cujas últimas gotas de estearina se derramavam melancolicamente pelas bordas de um frasco vazio de xarope Larose, que lhe fizera as vezes de um castiçal. Num dos cantos amontoava-se roupa suja; em outro repousava uma máquina de fazer café, ao lado de uma máquina de espírito de vinho. Nas cabeceiras das três camas e ao comprido das paredes, sobre jornais velhos e desbotados, dependuravam-se calças e fraques de casimira; em uma das ombreiras das janelas umas lunetas de ouro, cuidadosamente suspensas num prego. Por aqui e por ali pontas esmagadas de cigarro e cuspalhadas ressequidas. No meio do soalho, com o gargalo decepado, luzia uma garrafa.[5]

No primeiro texto, as figuras "alvura", "tapete azul celeste", "cortinas cor de ouro", "móveis com estofo dourado", "estatuetas de bronze dourado", "cama de pau-cetim", "colcha de chamalote cor de ouro", "lareira em mármore rosa", etc. compõem o percurso figurativo do requinte e do bom gosto. Esses são os temas que dão sentido ao percurso. No segundo texto, as figuras "vômito a secar no chão", "louça coberta de gordura coalhada", "lata cheia de contusões e roída de ferrugem", "frasco vazio de xarope Larose a fazer as vezes de castiçal", "roupa suja", "calças e fraques nas cabeceiras das camas", etc. formam, como diz o próprio narrador, o percurso figurativo do desmazelo e da boêmia.

Um texto pode ter mais de um percurso figurativo. O número de percursos depende dos temas que se deseje manifestar. Percursos podem opor-se, superpor-se, etc.

> A mulher chamava-se Piedade de Jesus; teria trinta anos, boa estatura, carne ampla e rija, cabelos fortes de um castanho fulvo, dentes pouco alvos, mas sólidos e perfeitos, cara cheia, fisionomia aberta; um todo de bonomia toleirona, desabotoando-lhe pelos olhos e pela boca numa simpática expressão de honestidade simples e natural. [...] Rita havia parado em meio do pátio.
> Cercavam-na homens, mulheres e crianças; todos queriam novas dela. Não vinha em traje de domingo; trazia casaquinho branco, uma saia que lhe deixava ver o pé sem meia num chinelo de polimento com enfeites de marroquim de diversas cores. No seu farto cabelo, crespo e reluzente, puxado sobre a nuca, havia um molho de manjericão e um pedaço de baunilha espetado por um gancho. E toda ela respirava o asseio das brasileiras e um odor sensual de trevos e plantas aromáticas. Irrequieta, saracoteando o atrevido e rijo quadril baiano, respondia para a direita e para a esquerda, pondo à mostra um fio de dentes claros e brilhantes que enriqueciam sua fisionomia com um realce fascinador.[6]

As figuras utilizadas pelo narrador para caracterizar as duas mulheres que iriam disputar o amor de Jerônimo constituem dois percursos figurativos em oposição, uma vez que revelam dois temas antagônicos: a honestidade sem atrativos e a sensualidade. Piedade é a mulher honesta, trabalhadeira e sem encantos; Rita Baiana é a mulher atraente e sensual.

Os percursos figurativos devem manter uma coerência interna. Assim, não pode aparecer a figura da "neve" num percurso que figurativize o tema da "vida nos trópicos". Em princípio, a quebra da coerência figurativa produz uma inverossimilhança no texto. No entanto, podem-se superpor dois percursos figurativos distintos, com quebra de coerência, para criar determinados efeitos de sentido. Nesse caso, a ruptura do princípio da coerência figurativa é um projeto do narrador, visando a tematizar relações entre duas ou mais ordens de fenômenos distintos.

E, pensando bem, ele não era homem: era apenas um cabra ocupado em guardar coisas dos outros. Vermelho, queimado, tinha os olhos azuis, a barba e os cabelos ruivos; mas como vivia em terra alheia, cuidava dos animais alheios, descobria-se, encolhia-se na presença dos brancos e julgava-se cabra. [...]
Agora Fabiano era vaqueiro, e ninguém o tiraria dali. Aparecera como um bicho, entocara-se como um bicho, mas criara raízes, estava plantado. Olhou os quipás, os mandacarus e os xique-xiques. Era mais forte que tudo isso, era como as catingueiras e as baraúnas. Ele, Sinha Vitória, os dois filhos e a cachorra Baleia estavam agarrados à terra. Chape-chape. As alpercatas batiam no chão rachado. O corpo do vaqueiro derreava-se, as pernas faziam dois arcos, os braços moviam-se desengonçados. Parecia um macaco. [...]
Vivia longe dos homens, só se dava bem com animais. Os seus pés duros quebravam espinhos e não sentiam a quentura da terra. Montado, confundia-se com o cavalo, grudava-se a ele. E falava uma linguagem cantada, monossilábica, gutural, que o companheiro entendia. A pé, não se aguentava bem. Pendia para um lado, para o outro lado, cambaio, torto e feio. Às vezes, utilizava nas relações com as pessoas a mesma língua com que se dirigia aos brutos – exclamações, onomatopeias.[7]

Estamos em presença de uma descrição de Fabiano. Nela, ao percurso figurativo da humanidade (vaqueiro, julgava-se, pés, relações com as pessoas, falava, etc.), superpõem-se os percursos da animalidade (cabra, bicho, entocara-se, macaco, pés duros, quebravam espinhos, não sentiam a quentura da terra, confundia-se com o cavalo, etc.) e da vegetalidade (criara raízes, estava plantado, era como as catingueiras e as baraúnas, estavam agarrados à terra). Além disso, Fabiano apresenta em seu rosto as cores primárias da paisagem nordestina: o vermelho, o azul e o amarelo (vermelho, queimado, olhos azuis, barba e cabelos ruivos). Essa superposição de percursos tematiza o nível infra-humano de Fabiano, equiparado ao dos animais e das plantas.

As figuras que, não obstante tenham algum traço semântico comum, não pertencem aos mesmos percursos figurativos podem ser relacionadas para criar notáveis efeitos de sentido. Isso permite concretizar, com precisão, algum tema que se deseja transmitir ao leitor.

Marcela amou-me durante quinze meses e onze contos de réis; nada menos. Meu pai, logo que teve aragem dos onze contos, sobressaltou-se deveras; achou que o caso excedia as raias de um capricho juvenil.

– Desta vez, disse ele, vais para a Europa; vais cursar uma Universidade, provavelmente Coimbra; quero-te para homem sério e não para arruador e gatuno. E como eu fizesse um gesto de espanto: – Gatuno, sim senhor; não é outra cousa um filho que me faz isto...

Sacou da algibeira os meus títulos de dívida, já resgatados por ele, e sacudiu-mos na cara. – Vês, peralta? é assim que um moço deve zelar o nome dos seus? Pensas que eu e meus avós ganhamos dinheiro em casas de jogo ou a vadiar pelas ruas? Pelintra! Desta vez ou tomas juízo, ou ficas sem cousa nenhuma.

Estava furioso, mas de um furor temperado e curto. Eu ouvi-o calado, e nada opus à ordem da viagem, como de outras vezes fizera; ruminava a ideia de levar Marcela comigo. Fui ter com ela; expus-lhe a crise e fiz-lhe a proposta. Marcela ouviu-me com os olhos no ar, sem responder logo; como insistisse, disse-me que ficava, que não podia ir para a Europa.[8]

As figuras "quinze meses" e "onze contos de réis" não pertencem ao mesmo percurso figurativo. A primeira enquadra-se no percurso da temporalidade; a segunda, no da economia. Unidas, no entanto, apresentam ambas o traço sêmico da /duratividade/: duratividade temporal e duratividade do estado de conjunção com o dinheiro. Relacionadas, essas figuras revelam o tema que define a relação de Marcela com o narrador: o interesse. Reforça essa interpretação o fato de Marcela ter-se negado a acompanhar seu amante à Europa, quando o pai o impede de gastar desmesuradamente.

As pessoas (eu/tu/ele), os espaços e os tempos projetados pela sintaxe discursiva podem ser tematizados e figurativizados. Tematiza-se uma pessoa com papéis como pai, professor, banqueiro, empregada doméstica, etc. Em seguida, essa pessoa será figurativizada, quando ganhar um nome, características físicas e psicológicas. Um espaço (aqui, aí, lá, algum lugar) será tematizado quando representar valores abstratos como lugar da liberdade, da opressão, etc. Será figurativizado quando for descrito com todas as suas propriedades. Um tempo (agora, anterioridade, posterioridade) recebe uma cobertura temática quando for investido de qualificações abstratas: tempo da alegria, tempo da dor, etc. Será figurativizado quando essas qualificações forem concretizadas.

Vejamos exemplos de tematização e figurativização de pessoa, de espaço e de tempo:

> Naquela mulata estava o grande mistério, a síntese das impressões que ele recebeu chegando aqui: ela era a luz ardente do meio-dia; ela era o calor vermelho das sestas da fazenda; era o aroma quente dos trevos e das baunilhas, que o atordoara nas matas brasileiras; era a palmeira virginal e esquiva que se não torce a nenhuma outra planta; era o veneno e o açúcar gostoso; era o sapoti mais doce que o mel e era a castanha de caju, que abre feridas na boca com seu azeite de fogo; ela era a cobra verde e traiçoeira, a lagarta viscosa, a muriçoca doida, que esvoaçava havia muito tempo em torno do corpo dele, assanhando-lhe os desejos, acordando-lhe as fibras embambecidas pela saudade da terra, picando-lhe as artérias, para lhe cuspir dentro do sangue uma centelha daquele amor setentrional, uma nota daquela música feita de gemidos de prazer, uma larva daquela nuvem de cantáridas que zumbiam em torno de Rita Baiana e espalhavam-se pelo ar numa fosforescência afrodisíaca.[9]

Nesse texto, temos uma apresentação da personagem Rita Baiana (ela = actante do enunciado), do ponto de vista das impressões recebidas por Jerônimo, que tematiza o imigrante português, que viera para o Brasil para trabalhar e juntar dinheiro. Rita Baiana tematiza a natureza brasileira, figurativizada em sua luminosidade (luz ardente do meio-dia, fosforescência afrodisíaca da nuvem de cantáridas), seu calor, seu perfume (aroma quente dos trevos e baunilhas), suas formas (a da palmeira), seus sabores (a doçura do sapoti e a acidez da castanha de caju), suas texturas (viscosidade da lagarta), suas cores (verde da cobra traiçoeira que se confunde com a folhagem), seus sons (música feita de gemidos de prazer). Essas sensações misturavam-se e confundiam-se (observe-se a sinestesia *calor vermelho*). Despertavam em Jerônimo o desejo, acordavam-lhe o corpo, embambecido por saudades de Portugal. Jerônimo vai começar um processo de abrasileiramento, que torna seus sentidos mais apurados, mas, ao mesmo tempo, faz decrescer sua capacidade de trabalho. Note que, na época, pensava-se que, nos trópicos, as pessoas tinham uma capacidade maior para o prazer, mas não para o trabalho. Jerônimo termina por abandonar sua mulher, Piedade de Jesus, para ficar com Rita Baiana, a síntese da natureza brasileira.

> Quando, no albor da vida, fascinado
> Com tanta luz e brilho e pompa e galas,
> Vi o mundo sorrir-me esperançoso:
> – Meu Deus, disse entre mim! oh! quanto é doce,
> Quanta é bela esta vida assim vivida! –
> Agora, logo, aqui, além notando
> Uma pedra, uma flor, uma lindeza,
> Um seixo da corrente, uma conchinha
> À beira-mar colhida![10]

O poeta tematiza sua infância (um tempo pretérito) como sendo um tempo de beleza e de doçura associado à descoberta do mundo. Sua infância transcorre sob o signo da esperança, outro tema. Figurativizam-se os temas com as luzes, os brilhos, as pompas e as galas da natureza, ao descobrir uma pedra, uma flor, uma lindeza, um seixo da corrente, uma concha colhida à beira-mar.

> O céu que o cobre é o mais alegre; os astros que o alumiam, os mais claros; o clima que lhe assiste, o mais benévolo; os ares que o refrescam, os mais puros; as fontes que o fecundam, as mais cristalinas; os prados que o florescem, os mais amenos; as plantas aprazíveis, as árvores frondosas, os frutos saborosos, as estações temperadas. Deixe a memória o Tempe de Tessália, os pênseis de Babilônia, e os jardins das Hespérides, porque este terreno em continuada primavera é o vergel do mundo, e se os antigos o alcançaram podiam pôr nele o terreal Paraíso, o Letes e os Campos Elíseos, que das suas inclinações lisonjeados ou reverentes, às suas pátrias fantasiaram em outros lugares.[11]

Nesse texto, Rocha Pita descreve o Brasil. Observe que ele o tematiza como uma paisagem ideal, onde a natureza é bela, agradável, opulenta. Isso é figurativizado com céu mais claro, fontes mais cristalinas, etc. Nesse lugar, vive-se uma eterna primavera. Ele é o pomar (= vergel) do mundo. Diante dessa paisagem, pode-se esquecer de outros lugares, conhecidos por serem belos e aprazíveis; Tempe (vale da Tessália, Grécia, entre os montes Olimpo e Ossa, famoso pela frescura de seus bosques); pênseis da Babilônia (jardins suspensos da Babilônia, uma das sete maravilhas do mundo antigo); jardins da Hespérides (na geografia antiga, ilhas que marcavam as fronteiras ocidentais do mundo, identificadas ora com as ilhas Canárias, ora com a ilha de Cabo Verde). No Brasil, se os antigos o tivessem conhecido (= se os antigos o alcançaram), poderiam pôr os lugares míticos, que imaginaram: o terreal Paraíso (paraíso terrestre, jardim de inigualável beleza e abundância, onde Deus colocou Adão e Eva, logo depois da Criação); Letes (na mitologia grega, um dos rios do Inferno, cujas águas faziam esquecer o passado àqueles que a bebessem); Campos Elíseos (na mitologia grega, lugar muito belo e aprazível, onde moravam as almas dos mortos que tinham sido virtuosos e onde elas experimentavam a felicidade eterna). Como se vê, na descrição de Rocha Pita o Brasil é tematizado como um lugar paradisíaco, que excede a todos os lugares que a literatura antiga descreveu como os mais agradáveis do mundo.

Percurso temático

A um encadeamento de temas reserva-se o nome de *percurso temático*. Esses percursos só ocorrem evidentemente nos textos temáticos. Um conjunto de lexemas abstratos, que manifesta um tema mais geral, constitui, num texto verbal, um percurso temático. Da mesma forma que os percursos figurativos, os percursos temáticos devem manter uma coerência interna. Quando isso não ocorre, o texto fica contraditório. Não cabe, por exemplo, no percurso temático do amargor do exílio, colocar o tema das delícias da vida num país estrangeiro. É claro que podemos mostrar num texto percursos temáticos antitéticos ou mesmo superpostos para criar determinados efeitos de sentido. Assim, do mesmo modo que nos textos figurativos, a quebra da coerência nos textos temáticos pode ser um recurso para transmitir determinados conteúdos.

Exemplifiquemos a noção de percurso temático:

> Mas não é menos verdade que, tal como os demais autores e embora com maior lucidez, talvez a única proposta das canções de Chico Buarque é: "cantemos". Sua perspectiva nega a possibilidade de as coisas virem a ser diversas, nega que o homem seja sujeito da História e que ele possa transformar o mundo. Debruçar-se sobre a infelicidade humana e deplorar o destino de cada indivíduo no mundo em que vivemos, ao mesmo tempo que se afirma que não pode ser de outro jeito, redunda em fatalismo conservador.
>
> Daí: não há na canção popular brasileira sinais de uma consciência avançada nem proposta para qualquer ação que não seja cantar. Como essa canção não é folclórica, mas semierudita, vale o cotejo com exemplos da mesma linha. Por isso, nem é preciso apelar para as canções de Brecht e Kurt Weil; basta pensar n'*A Marselhesa*. Enquanto nossos autores oferecem ao público um confortável dia que virá, *A Marselhesa* diz que o dia já chegou:
>
> "Allons, enfants de la patrie,
> le jour de gloire est arrivé"[12]

Esse texto faz parte do ensaio intitulado "MMPB: uma análise ideológica". Nesse trecho, a autora analisa as chamadas canções de protesto da música popular brasileira e, implicitamente, compara-as com canções semieruditas estrangeiras. Dois percursos temáticos antitéticos servem para estabelecer o confronto: o do fatalismo conservador e o da proposta revolucionária. O primeiro é a negação do segundo. Os temas que constituem cada um dos percursos são:

Percurso do fatalismo conservador (música popular brasileira)	Percurso da proposta revolucionária (músicas estrangeiras)
a) proposta de ação: cantar; b) perspectiva cética; c) negação da possibilidade de as coisas virem a ser diversas; d) negação de que o homem seja sujeito da História e de que ele possa transformar o mundo; e) deplorar o destino de cada indivíduo no mundo em que vivemos; f) afirmação de que não pode ser de outro jeito; g) consolo com o dia que virá.	a) proposta efetiva de ação; b) perspectiva de crença; c) possibilidade de mudança; d) afirmação de que o homem é sujeito da História e de que ele pode transformar o mundo; e) não lamentar a sorte dos indivíduos; f) afirmação de que pode ser de outro jeito; g) afirmação de que o dia já chegou.

Para uma análise de um texto não interessam a figura ou o tema isolados. Para achar o tema que dá sentido às figuras ou o tema geral que unifica os temas disseminados num discurso temático, é preciso apreender os encadeamentos das figuras ou dos temas, ou seja, os percursos figurativos ou temáticos.

Como já mostramos em outras obras, o nível dos temas e das figuras é o lugar privilegiado de manifestação da ideologia. Com efeito, não é nos níveis mais abstratos do percurso gerativo que se manifesta, com plenitude e nitidez, a ideologia, mas na concretização dos valores semânticos. Durante o período da ditadura, o discurso de todos os homens da oposição apresentava, no nível narrativo, um querer entrar em conjunção com a democracia. É claro que, se o valor "democracia" aparecia em seus discursos, estes estavam contra a ditadura. No entanto, nessa época, não era preciso tematizar ou figurativizar a conjunção com a democracia. Derrubada a ditadura, foi necessário explicitar o que cada segmento da oposição entendia por essa conjunção e aí percebemos que não falavam todos da mesma coisa, que não havia unanimidade entre os que combateram o governo militar. Para uns, a conjunção com a democracia tematiza-se como liberdades formais e não interferência do Estado na esfera da produção (a não ser, é evidente, para conceder generosos subsídios, etc.). Para outros, tematiza-se como superação de todas as formas de exploração e de opressão de uma classe por outra. Só no nível dos temas e das figuras fica patente que a mesma invariante do nível narrativo manifesta universos ideológicos bastante distintos.

CONFIGURAÇÕES DISCURSIVAS

Muitas vezes, tomamos diferentes textos e percebemos que eles tratam do mesmo *tema*. No entanto, analisando-os de perto, vemos que cada um deles aborda esse tema de maneira distinta. Os percursos temáticos que explicitam esse tema genérico são diferentes e, portanto, os percursos figurativos que os revestem também. Esse tema amplo que aparece em vários discursos (o amor, a morte, a infância, a partida, o exílio, etc.) constitui não propriamente um tema, mas uma configuração discursiva. Uma configuração é um lexema do discurso que engloba várias transformações narrativas, diversos percursos temáticos e diferentes percursos figurativos. Uma configuração reúne, pois, um núcleo comum de sentido e variações figurativas (percursos figurativos 1, 2, 3...n), variações temáticas (percursos temáticos 1, 2, 3...n) e variações narrativas (percursos narrativos 1, 2, 3...n). Se, no interior de um único texto, é possível depreender percursos figurativos, temáticos e narrativos, a depreensão da configuração discursiva só é possível a partir do confronto de vários discursos. Cada discurso particular atualiza algumas variantes e não outras da configuração.

Tornemos mais concreto esse conceito:

Meus oito anos
Oh! que saudades que tenho
Da aurora da minha vida,
Da minha infância querida
Que os anos não trazem mais!
Que amor, que sonhos, que flores,
Naquelas tardes fagueiras
À sombra das bananeiras,
Debaixo dos laranjais!

Como são belos os dias
Do despontar da existência!
– Respira a alma a inocência
Como perfumes a flor,
O mar é – lago sereno,
O céu – um manto azulado,
O mundo – um sonho dourado,
A vida – um hino de amor!

Que auroras, que sol, que vida,
Que noites de melodia
Naquela doce alegria
Naquele ingênuo folgar!
O céu bordado de estrelas,
A terra de aromas cheia;
As ondas beijando a areia
E a lua beijando o mar!

Oh! dias da minha infância!
Oh! meu céu de primavera!
Que doce a vida não era
Nessa risonha manhã!
Em vez das mágoas de agora,
Eu tinha nessas delícias
De minha mãe as carícias
E beijos de minha irmã!

Livre filho das montanhas,
Eu ia bem satisfeito,
De camisa aberto o peito,
– Pés descalços, braços nus –
Correndo pelas campinas
À roda das cachoeiras

Atrás das asas ligeiras
Das borboletas azuis!

Naqueles tempos ditosos
Ia colher as pitangas,
Trepava a tirar as mangas,
Brincava à beira do mar.
Rezava as Ave-Marias,
Achava o céu sempre lindo,
Adormecia sorrindo
E despertava a cantar![13]

Infância
Corrida de ciclistas.
Só me recordo de um bambual debruçado no rio.
Três anos?
Foi em Petrópolis.
Procuro mais longe em minhas reminiscências.
Quem me dera me lembrar da teta negra de minh'ama de leite...
...meus olhos não conseguem romper os ruços definitivos do tempo.

Ainda em Petrópolis...um pátio de hotel...brinquedos pelo chão...

Depois a casa de São Paulo.

Miguel Guimarães, alegre, míope, mefistofélico,
Tirando reloginhos de plaquê da concha de minha orelha.
O urubu pousado no muro do quintal.
Fabrico uma trombeta de papel.
Comando...
O urubu obedece.
Fujo aterrado do meu primeiro gesto de magia.

Depois...a praia de Santos...
Corridas em círculos riscados na areia...
Outra vez Miguel Guimarães, juiz da chegada, com os
seus presentinhos.
A ratazana enorme apanhada na ratoeira. Outro bambual...
O que inspirou a meu irmão o seu único poema:
    "Eu ia por um caminho,
    Encontrei um maracatu.
    O qual vinha direitinho
    Pelas flechas de um bambu."

As marés de equinócio.
O jardim submerso...
Meu tio Cláudio erguendo do chão uma ponta de mastro destroçado.

Poesia dos naufrágios!

Depois Petrópolis novamente.
Eu, junto do tanque, de linha amarrada no incisivo de leite, sem
coragem de puxar

Véspera de Natal... Os chinelinhos atrás da porta...
E a manhã seguinte, na cama, deslumbrado com os brinquedos
trazidos pela fada.

E a chácara da Gávea?
E a casa da Rua Don'Ana?

Boy, o primeiro cachorro.
Não haveria outro nome depois
(Em casa até as cadelas chamavam Boy).

Medo de gatunos...
Para mim eram homens com cara de pau.

A volta a Pernambuco!
Descoberta dos casarões de telha-vã.
Meu avô materno – um santo...
Minha avó batalhadora.

A casa da Rua da União.
O pátio – núcleo de poesia.
O banheiro – núcleo de poesia.
O cambrone – núcleo de poesia *(la fraîcheur des latrines!)*
A alcova de música – núcleo de mistério.
Tapetinhos de peles de animais.
Ninguém nunca ia lá... Silêncio... Obscuridade...
O piano de armário, teclas amarelecidas, cordas desafinadas.

Descoberta da rua!
Os vendedores a domicílio.
Ai mundo dos papagaios de papel, dos piões, da amarelinha!
Uma noite a menina me tirou da roda de coelho-sai, me levou,
imperiosa e ofegante, para um desvão da casa de Dona
Aninha Viegas,
levantou a sainha e disse mete.

Depois meu avô... Descoberta da morte!

Com dez anos vim para o Rio.
Conhecia a vida em suas verdades essenciais.
Estava maduro para o sofrimento
E para a poesia![14]

A configuração discursiva desses dois poemas é a *infância*. O núcleo sêmico comum dessa configuração é *primeiro período da vida humana*. A esse núcleo comum são adicionadas variantes narrativas, temáticas e figurativas. À primeira leitura, percebe-se que os dois poetas tratam de maneira distinta essa configuração. Essa diversidade deve-se às variações que se aglutinam ao núcleo invariante.

Em Casimiro de Abreu, aparece o estado de conjunção com a felicidade, tematizado como harmonia do homem com a natureza, com os outros e consigo mesmo. Esse tema é figurativizado com "tardes fagueiras", "sombra das bananeiras", "lago sereno", "noites de meio-dia", "manto azulado", "sonho dourado", "hino de amor"; "carícias de minha mãe", "beijos de minha irmã"; "livre filho da montanha", "bem satisfeito", "achava o céu sempre lindo", "adormecia sorrindo", "despertava a cantar", etc. Em oposição à infância, a idade adulta é o tempo da mágoa, do dissabor, da infelicidade ("Em vez das mágoas de agora"). Em Casimiro, a infância é estática, é um tempo em que não há transformações, pois nela só existem alegrias.

Em Bandeira, a infância recobre o percurso narrativo da conjunção com o saber, tematizado como descoberta das verdades essenciais da vida (a morte, o sexo, etc.). A infância é, para Bandeira, dinâmica: é a passagem do estado de não saber para o de saber. Vamos dar apenas um exemplo de figurativização do tema da descoberta. Tomemos a descoberta do sexo. Esse tema é recoberto com as figuras: "noite", "menina", "tirou da roda de coelho-sai", "imperiosa", "ofegante", "levantou a sainha", "disse mete".

Uma pesquisa de largo interesse – sobretudo para aclarar as maneiras como cada cultura aborda um dado assunto – é tomar uma configuração discursiva qualquer e observar as variantes narrativas, temáticas e figurativas com que diferentes narradores a atualizam. Seja a configuração *amor*. Diferentes percursos temáticos, por exemplo, podem realizar-se nos diversos discursos: afeição, sexualidade, devoção. Em *O Guarani* de José de Alencar, o narrador mostra o amor de Loredano, Álvaro e Peri por Cecília. São três discursos diferentes reunidos num único texto. Por isso, atualizam a configuração discursiva *amor* por percursos temáticos e figurativos distintos. Em Álvaro, era uma *afeição nobre e pura*; em Loredano, *desejo ardente, sede de gozo, febre*; em Peri, *culto, idolatria fanática*. O narrador compara as variações englobadas nessa configuração:

> Assim o amor se transformava tão completamente nessas organizações, que apresentava três sentimentos bem distintos: um era a loucura, o outro uma paixão, o último uma religião.
> Loredano desejava; Álvaro amava; Peri adorava. O aventureiro daria a vida para gozar; o cavalheiro arrostaria a morte para merecer um olhar; o selvagem se mataria, se preciso fosse, só para fazer Cecília sorrir.[15]

ISOTOPIA

Inúmeras vezes ouvimos dizer que o texto é aberto e que, por isso, qualquer interpretação de um texto é válida. Quando se diz que um texto está aberto para várias leituras, isso significa que ele admite mais de uma e não toda e qualquer leitura. Qual é a diferença? As diversas leituras que o texto aceita já estão nele inscritas como possibilidades. Isso quer dizer que o texto que admite múltiplas interpretações possui indicadores dessa polissemia. Assim, as várias leituras não se fazem a partir do arbítrio do leitor, mas das virtualidades significativas presentes no texto.

Antes de tratar mais detalhadamente das várias possibilidades de leitura, é preciso estudar um outro fenômeno. Que é que garante a coerência semântica de um texto? Como distinguimos um texto bem estruturado do ponto de vista semântico de um amontoado de frases sem qualquer relação?

O que dá coerência semântica a um texto e o que faz dele uma unidade é a reiteração, a redundância, a repetição, a recorrência de traços semânticos ao longo do discurso. Esse fenômeno recebe o nome de isotopia. Empregou-se esse termo inicialmente na Física, em que isótopo serve para designar elementos do mesmo número atômico, mas de massas diferentes. Como têm o mesmo número atômico, ocupam um único lugar na tabela de Mendelejev. Em análise do discurso, isotopia é a recorrência de um dado traço semântico ao longo de um texto. Para o leitor, a isotopia oferece um plano de leitura, determina um modo de ler o texto.

A cigarra e a formiga
A cigarra, tendo cantado todo o verão, viu-se completamente sem provisões quando o inverno chegou. Não tinha nem um pedacinho de inseto ou de larva. Foi então queixar-se da falta de alimentos na casa da formiga, sua vizinha, pedindo-lhe que lhe emprestasse alguns grãos para subsistir até a primavera.
– Palavra de animal, eu lhe pagarei juros e principal, antes da próxima colheita.
A formiga não empresta nada. Esse é seu menor defeito.
– Que é que você fazia no verão, diz ela à que deseja tomar emprestado.
– Não se aborreça, todos os dias e noites eu cantava.
– Então muito bem. Você cantava; pois bem; agora dance.[16]

O primeiro problema que essa fábula coloca é saber se ela é uma história de animais ou de homens. De homens, é claro, responderia o leitor da fábula. Mas como é que ele sabe disso? Aprendemos que as fábulas servem para pôr a nu certos comportamentos humanos. Mas como se chegou a essa conclusão? A isotopia dessa fábula determina que ela seja lida como uma história de homens. As duas personagens são a cigarra e a formiga que apresentam o traço /não humano/. No entanto, os lexemas "casa", "queixar-se", "pedindo-lhe", "emprestasse", "pagarei", "tomar emprestado", "aborreça-se", "estar bem", "dance" contêm o traço /humano/ ou combinam-se com ele. Dessa forma, essa recorrência do traço /humano/ obriga a ler a fábula como uma história de gente. Na isotopia humana, a cigarra não é a cigarra, mas o homem preguiçoso e imprevidente; a formiga não é a formiga, mas o homem trabalhador, que poupa para os momentos de dificuldade. Os lexemas com traço /humano/ são desencadeadores de isotopia, elementos não integrados a uma isotopia inicialmente proposta (no caso, a isotopia não humana), que obrigam a estabelecer um novo plano de leitura.

A recorrência de traços semânticos estabelece a leitura que deve ser feita do texto. Essa leitura não provém da fantasia do leitor, mas está inscrita no texto.

A determinação da isotopia da fábula é relativamente simples. No entanto, há textos que possuem variações isotópicas, o que torna mais complexo seu entendimento. Vejamos um desses casos, o da piada, da história engraçada.

Certa vez uma família inglesa foi passar as férias na Alemanha. No decorrer de um passeio, as pessoas da família viram uma casa de campo que lhes pareceu boa para passar as férias de verão. Foram falar com o proprietário da casa, um pastor alemão, e combinaram alugá-la no verão seguinte.

De volta à Inglaterra discutiram muito acerca da planta da casa. De repente a senhora lembrou-se de não ter visto o w.c. Conforme o sentido prático dos ingleses, escreveu imediatamente para confirmar tal detalhe. A carta foi escrita assim:

Gentil Pastor.
Sou membro da família inglesa que o visitou há pouco com a finalidade de alugar sua propriedade no próximo verão. Como esquecemos um detalhe muito importante, agradeceria se nos informasse onde se encontra o w.c.

O pastor alemão, não compreendendo o significado da abreviatura w.c. e julgando tratar-se da capela da religião inglesa White Chapel, respondeu nos seguintes termos:

Gentil Senhora.
Tenho prazer de comunicar-lhe que o local de seu interesse fica a 12 km da casa. É muito cômodo, sobretudo se se tem o hábito de ir lá frequentemente; nesse caso, é preferível levar comida para passar lá o dia inteiro. Alguns vão a pé, outros, de bicicleta. Há lugar para quatrocentas pessoas sentadas e cem em pé; recomenda-se chegar cedo para arrumar lugar sentado, pois os assentos são de veludo. As crianças sentam-se ao lado dos adultos e todos cantam em coro. Na entrada é distribuída uma folha de papel para cada um; no entanto, se chegar depois da distribuição, pode-se usar a folha do vizinho ao lado. Tal folha deve ser restituída à saída para poder ser usada durante um mês. Existem ampliadores de som. Tudo o que se recolhe é para as crianças pobres da região. Fotógrafos especiais tiram fotografias para os jornais da cidade a fim de que todos possam ver seus semelhantes no desempenho de um dever tão humano.

O humor reside no fato de que o termo w.c. é lido sucessivamente segundo uma isotopia da higiene (em que está presente o traço /intimidade/) e uma isotopia do culto (em que está presente o traço /exterioridade/). O breve relato inicial e a carta da mulher inglesa estabelecem um primeiro plano homogêneo de significação. Se o pastor alemão tivesse lido a carta no plano isotópico proposto e sua resposta seguisse o mesmo plano semântico, não haveria graça nenhuma. No entanto, a maneira como ele entende o termo w.c. contrapõe à primeira isotopia uma outra. O humor deriva então da leitura do texto pertencente à segunda isotopia (do culto) com base no plano de entendimento proposto pela primeira (da satisfação das necessidades fisiológicas). Os dois planos de leitura desenvolvidos no texto ligam-se entre si pelo *termo conector* w.c. Um conector de isotopias é um termo que possui dois ou mais significados, isto é, um termo polissêmico, presente no texto, que possibilita sua leitura em dois planos distintos, que permite a passagem de uma isotopia a outra. A dupla leitura apoia-se, pois, num elemento polissêmico inscrito no texto.

Há alguns discursos que articulam duas ou mais isotopias (por exemplo, a anedota que analisamos) e outros que se desenvolvem simultaneamente sobre vários planos isotópicos. Neste último caso, não há um trecho com uma isotopia, outro trecho com outra e a contraposição das duas, mas ocorre uma superposição de isotopias, ou seja, o discurso inteiro pode ser lido sobre mais de uma isotopia. Insistimos em que essa pluri-isotopia está inscrita no texto por meio de desencadeadores ou conectores de isotopia.

> *Moenda de usina*
> Clássica, a cana se renega
> ante a moenda (morte) da usina:
> nela, antes esbelta, linear,
> chega despenteada e sem rima.
> (Jogada às moendas dos banguês
> onde em feixes de estrofes ia,
> não protestava contra a morte,
> nem contra o que a morte seria).
> Na usina, ela cai de guindastes,
> anárquica, sem simetria:
> e até que as navalhas da moenda
> quebrando-a, afinal, a paginam,
> a cana é trovoada, troveja,

perde a elegância, a antiga linha,
estronda com sotaque gago
de metralhadora, desvaria.
Não fossem as saias de ferro
da antemoenda que a canalizam,
quebrar-lhe os ossos baralhados
faria explodir toda a usina.
Nas moendas derradeiras tomba
já mutilada, em ordem unida:
não é mais cana multidão
que ao tombar é povo e não fila;
ao matadouro final chega
em pelotão que se fuzila.[17]

Não pretendemos analisar integralmente esse poema, mas apenas mostrar que se pode lê-lo sob diversas isotopias. As figuras "se renega", "morte", "quebrando-a", "perde a elegância, a antiga linha", "quebra-lhe os ossos", "mutilada", etc. compõem o percurso da dissolução da especificidade, da transformação de elementos distintos num todo homogêneo.

No nível narrativo, ocorre uma transformação disjuntiva. Um sujeito, em conjunção com a singularidade, entra em disjunção com ela. A singularidade apresenta-se, no nível profundo, como vida, enquanto seu contrário, a totalidade, revela-se como morte. A sintaxe fundamental do poema tem este esquema: afirmação da vida (por exemplo, "antes esbelta, linear"), negação da vida (por exemplo, "se renega", "já mutilada"), afirmação da morte (por exemplo, "se fuzila").

As figuras "cana", "moenda", "usina", "navalhas", "saias de ferro da antemoenda", etc. propõem um primeiro plano de leitura, a isotopia física. O tema da dissolução da especificidade será lido como a transformação da matéria-prima em produto, quando ela perde suas características singulares para se transformar num todo homogêneo.

As figuras "quebrar-lhe os ossos", "ordem unida", "multidão", "povo", "fila", "pelotão" funcionam como desencadeadores de isotopia, obrigando a propor um novo plano de leitura, a isotopia social. A dissolução das especificidades será lida como a alienação produzida pelo trabalho na sociedade capitalista ("usina" em oposição a "banguê", que figurativiza as relações pré-capitalistas de trabalho), que transforma seres humanos em pelotões disciplinados e acaba por consumi-los. Esse trabalho desorganiza as relações humanas que lhe são preexistentes ("anárquica", "sem simetria") para reduzir os homens a sua ordem ("já mutilada, em ordem unida", "fila"). As formas de trabalho pré-capitalistas respeitavam ao menos as organizações em que os trabalhadores estavam inseridos ("Jogadas às moendas dos banguês,/onde em feixes de estrofes ia").

As figuras "linear", "rima", "feixes de estrofes", "paginam" desencadeiam uma terceira isotopia, a discursiva. A dissolução deve ser lida como a transformação do discurso poético, que, na sociedade moderna, perde sua antiga especificidade (linearidade, rima, reunião em estrofes) e ganha uma outra estrutura (paginam). O novo discurso aparece depois da desarticulação do antigo ("quebrando-a", "anárquica", "sem simetria").

A figura "linha" é polissêmica e, por isso, serve de conector de isotopia. Linha é: a) uma série de palavras escritas numa só direção de um lado a outro da página; b) correção de maneiras e de procedimento, aprumo, dignidade, altivez, esmero, elegância; c) contorno, traçado. Como se observa, "linha" remete para as três isotopias já propostas pelos desencadeadores: o significado *a* aponta para a isotopia discursiva; o *b*, para a social, humana; o *c*, para a física, objetal.

O processo de dissolução das especificidades é gradativo e não pontual. Se fosse abrupto, faria explodir as máquinas (isotopia *a*), provocaria o desmantelamento do sistema de exploração capitalista (isotopia *b*), ocasionaria a desarticulação total da linguagem (isotopia *c*): "Não fossem as saias de ferro/ da antemoenda que a canalizam, /quebrar-lhe os ossos baralhados/ faria explodir toda a usina".

O conceito de isotopia é extremamente importante para a análise do discurso, pois permite determinar o(s) plano(s) de leitura dos textos, controlar a interpretação dos textos plurissignificativos e definir os mecanismos de construção de certos tipos de discurso, como, por exemplo, o humorístico. Na análise dos textos pluri-isotópicos é essencial, a partir da observação dos conectores e dos desencadeadores de isotopia, depreender as distintas isotopias que se superpõem, para que nenhum plano de leitura seja deixado de lado.

METÁFORA E METONÍMIA

Segundo a retórica clássica, que considera metáfora e metonímia como figuras de palavra, esses dois procedimentos retóricos definem-se da seguinte forma: metáfora é a substituição de uma palavra por outra, quando há uma relação de similaridade entre o termo de partida (substituído) e o de chegada (substituinte); metonímia é a substituição de uma palavra por outra, quando há uma relação de contiguidade entre o termo substituído e o substituinte.

Essas definições são insuficientes, pois metáfora e metonímia são procedimentos discursivos de constituição do sentido. Nelas o narrador rompe, de maneira calculada, as regras de combinatória das figuras, criando uma impertinência semântica, que produz novos sentidos. Assim, metáfora e metonímia não são a substituição de uma palavra por outra, mas uma outra possibilidade, criada pelo contexto, de leitura de um termo. Quando entre a possibilidade de leitura 1 e a 2 houver uma intersecção de traços semânticos, há uma metáfora; quando entre as duas possibilidades de leitura existir uma relação de inclusão, há uma metonímia.

> *Lua Cheia*
> Boião de leite
> que a Noite leva
> com mãos de treva
> pra não sei quem beber.
> E que, embora levado
> muito devagarinho,
> vai derramando pingos brancos
> pelo caminho.[18]

A primeira possibilidade de leitura de "boião de leite" é vaso bojudo de boca larga cheio de leite. No entanto, em "boião de leite que a Noite leva" há uma impertinência semântica, pois a noite não carrega um boião de leite. Esse contexto obriga a ler essa expressão como "lua". Trata-se de uma metáfora porque entre os dois significados mencionados há uma intersecção sêmica, uma vez que os traços /forma redonda/ e /brancura/ são comuns a ambos. "A noite leva" deve ser lido como o movimento da lua no céu à medida que a noite avança.

Os feridos com gritos o céu feriam,
Fazendo de seu sangue bruto lago,
Onde outros, meio mortos, se afogavam,
Quando do ferro as vidas escapavam.[19]

Há uma impertinência semântica em "as vidas escapavam do ferro", que determina a leitura de ferro como morte pela espada e vida como seres humanos. Ocorrem aqui metonímias porque espada (produto acabado) inclui-se na totalidade de objetos fabricados com ferro (matéria) e de armas que causam a morte; vida por sua vez inclui-se no conjunto das propriedades dos seres humanos.

A metáfora e a metonímia assim construídas (metáforas e metonímias dadas) podem ser tomadas como conectores de isotopia, que permitem passar de uma isotopia a outra num texto pluri-isotópico. Com isso, todo o discurso (ou parte dele) passa a ser constituído de metáforas ou metonímias projetadas, ou seja, torna-se unidade retórica dentro de uma determinada isotopia. O termo A da isotopia 1 passa a significar A' na isotopia 2. Essa relação entre os dois significados pertencentes a isotopias distintas será considerada metafórica quando entre A e A' existir uma intersecção sêmica, ou metonímica, quando entre A e A' houver uma inclusão num mesmo conjunto de traços semânticos ou numa mesma totalidade. Dessa forma, a metáfora e a metonímia projetadas são relações que se estabelecem entre significados de um mesmo termo pertencente a várias isotopias.

No poema "Lua cheia", temos a metáfora "boião de leite" para designar a lua. Essa metáfora construída (dada) funciona como um conector de isotopia, pois pode ser lida no plano objetal (vaso bojudo de boca larga) e no plano astronômico (lua). Ao instaurar a isotopia astronômica, determina a leitura de "pingos de leite" e de "derramado" sobre esta isotopia. Aí eles ganham novos significados: estrelas, surgindo. Essas expressões tomam-se então metáforas projetadas. Entre, por exemplo, o significado "gota de leite" pertencente à isotopia objetal e o significado "estrela" concernente à isotopia astronômica existe uma intersecção sêmica, a forma e a cor.

MODOS DE COMBINAÇÃO DAS FIGURAS E DOS TEMAS

Já mostramos que algumas das chamadas figuras de pensamento são mecanismos de constituição do sentido pertencentes ao componente sintáxico do discurso. Outras são procedimentos que operam no componente semântico do discurso. Vamos agora analisar algumas destas.

O enunciador pode combinar figuras ou temas do discurso de tal maneira que chame a atenção do enunciatário para determinados aspectos da realidade que descreve ou explica. Os principais procedimentos de combinação de figuras ou temas (mecanismos de semântica discursiva) estudados pela retórica clássica são a antítese, o oxímoro e a prosopopeia.

Antítese

Antítese é instauração de oposições figurativas ou temáticas num determinado texto. É indispensável lembrar que só podem opor-se elementos semânticos que tiverem algum traço em comum.

> *Os dois vigários*
> Há cinquenta anos passados,
> Padre Olímpio bendizia,
> Padre Júlio fornicava.
> E Padre Olimpio advertia
> e Padre Júlio triscava.
> Padre Júlio excomungava
> quem se erguesse a censurá-lo
> e Padre Olímpio em seu canto

antes de cantar o galo
pedia a Deus pelo homem.
Padre Júlio em seu jardim
colhia flor e mulher
num contentamento imundo.
Padre Olímpio suspirava,
Padre Júlio blasfemava.
Padre Olímpio, sem leitura
latina, sem ironia,
e Padre Júlio, criatura
de Ovídio, ria, atacava
a chã fortaleza do outro.
Padre Olímpio silenciava.
Padre Júlio perorava,
rascante e politiqueiro.
Padre Olímpio se omitia
e Padre Júlio raptava
mulher e filhos do próximo,
 outros filhos aditava. [...]
Padre Olímpio se doía,
 muito se mortificava [...],
Em suas costas botava
os crimes de Padre Júlio,
refugando-lhe os prazeres.
 Emagrecia, minguava,
sem ganhar forma de santo.
Seu corpo se recolhia
à própria sombra, no solo.
Padre Júlio coruscava,
 ria, inflava, apostrofava.
Um pecava, outro pagava.
O povo ia desertando
a lição de Padre Olímpio.
Muito melhor escutava
de Padre Júlio as bocagens.
Dois raios, na mesma noite,
os dois padres fulminaram.
Padre Olímpio, Padre Júlio
iguaizinhos se tornaram:
onde o vício, onde a virtude,
ninguém mais o demarcava.
Enterrados lado a lado
irmanados confundidos,
dos dois padres consumidos
juliolímpio em terra neutra

uma flor nasce monótona
que não se sabe até hoje
(cinquenta anos se passaram)
se é de compaixão divina
ou de divina indiferença.[20]

Esse texto constrói-se fundamentalmente sobre o princípio da antítese. Há uma oposição de percursos figurativos: o do vício e o do prazer, condensados em padre Júlio, contrapõem-se aos da virtude e da ascese, resumidos em padre Olímpio. Essa antítese, nítida durante a vida, desaparece após a morte. O desaparecimento, depois da morte, das contrariedades englobadas nos dois padres parece indicar que a antítese vício/virtude só existe na Terra.

Oxímoro

Quando se unem figuras ou temas contrários ou contraditórios numa mesma unidade de sentido, temos o oxímoro.

Amor é um fogo que arde sem se ver,
é ferida que dói e não se sente;
é um contentamento descontente,
é dor que desatina sem doer.

É um não querer mais que bem querer;
é um andar solitário entre a gente;
é um nunca contentar-se de contente;
é um cuidar que ganha em se perder.

É um querer estar preso por vontade;
é servir a quem vence, o vencedor;
é ter com quem nos mata, lealdade.

Mas como causar pode seu favor
nos corações humanos amizade,
se tão contrário a si é o mesmo Amor?[21]

O poeta procura, nos onze primeiros versos, definir o amor. Para isso, em cada verso constrói uma metáfora. Cada uma delas encerra, em seu bojo, um oxímoro (por exemplo, "contentamento descontente"), o que inviabiliza o ato definitório, pois uma definição não deve conter contradições. No último terceto, o poeta renuncia a definir o amor e explicita sua perplexidade por meio de uma interrogação: como os homens buscam tanto o amor se ele é algo tão contraditório? O poema começa com a palavra amor e termina com ela. É como se ao final da tentativa de definir esse sentimento o poeta dissesse: amor é amor. São os oxímoros que permitem deixar patente a impossibilidade de precisar o sentimento amoroso, pois o amor é algo para ser sentido e vivido e não para ser objeto de um discurso racional.

Prosopopeia

A combinação de qualificações ou funções que possuem determinado traço semântico com um elemento que apresente um traço contrário ou contraditório é um mecanismo retórico que produz diferentes unidades. A mais conhecida é a prosopopeia (personificação), em que se atribuem qualificações ou funções que têm o traço /humano/ a um elemento que tem o traço /não humano/, que, assim, é humanizado. É o que ocorre no exemplo seguinte, em que os vales ouvem e repetem, adquirindo assim traços de seres humanos.

> Vós, *ó côncavos vales*, que pudestes
> A voz extrema *ouvir* da boca fria,
> O nome do seu Pedro que lhe *ouvistes*,
> Por muito grande espaço *repetistes*![22]

Podem-se também combinar qualificações ou funções que possuem o traço /animado não humano/ com elementos que apresentem o traço /humano/, produzindo uma animalização, ou qualificações e funções que têm o traço /inanimado/ com elementos que contêm o traço /animado/, construindo uma reificação.

Observe-se a animalização dos seres humanos operada em *O cortiço*, de Aluízio de Azevedo, quando se atribuem a eles características de animais (fossando, ventas, etc.):

> Daí a pouco, em volta das bicas era um *zunzum* crescente; uma aglomeração tumultuosa de *machos* e *fêmeas*. Uns após outros, lavavam a *cara*, incomodamente, debaixo do fio de água que escorria da altura de uns cinco palmos. [...] os homens, esses não se preocupavam em não molhar o *pelo*, ao contrário metiam a cabeça bem debaixo da água e esfregavam com força as *ventas* e as barbas, *fossando* e fungando contra as palmas da mão.[23] (Grifos nossos)

NOTAS

[1] Machado de Assis, Obra completa, Rio de Janeiro, Nova Aguilar, 1979, v. III, p. 151.

[2] Machado de Assis, Memórias póstumas de Brás Cubas, em Obra completa, Rio de Janeiro, Nova Aguilar, 1979, v. I, pp. 542-3.

[3] Machado de Assis, Memórias póstumas de Brás Cubas, em Obra completa, Rio de Janeiro, Nova Aguilar, 1979, v. I, p. 534.

[4] José de Alencar, Senhora, Rio de Janeiro, Edições de Ouro, 1967, pp. 98-9.

[5] Aluisio de Azevedo, Casa de pensão, 20. ed., São Paulo, Martins, s.d., p. 58.

[6] Aluisio de Azevedo, O cortiço, 13. ed., São Paulo, Martins, 1957, pp. 61 e 69.

[7] Graciliano Ramos, Vidas secas, 29. ed., São Paulo, Martins, 1971, pp. 53-5.

[8] Machado de Assis, Memórias póstumas de Brás Cubas, em Obra completa, Rio de Janeiro, Nova Aguilar, 1979, v. I, p. 536.

[9] Aluisio de Azevedo, O cortiço, 18. ed., São Paulo, Martins, 1957, p. 87.

[10] Gonçalves Dias, Minha vida, em Poesias completas de Gonçalves Dias, Rio de Janeiro, Edições de Ouro, 1968, p. 41.

[11] Sebastião da Rocha Pita, História da América portuguesa, Rio de Janeiro, Jackson, 1950, p. 53.

[12] Walnice Nogueira Galvão, Saco de gatos: ensaios críticos, São Paulo, Duas Cidades, 1976, pp. 118-9.

[13] Casimiro de Abreu, Poesia, 3. ed., Rio de Janeiro, Agir, 1967, pp. 29-31.

[14] Manuel Bandeira, Poesia completa e prosa, Rio de Janeiro, Nova Aguilar, 1983, pp. 289-91.

[15] José de Alencar, O Guarani, São Paulo, Saraiva, 1968, v.I, p. 53.

[16] La Fontaine, Fables, Tours: Alfred Mame et Fils, 1918, pp. 37-8.

[17] João Cabral de Melo Neto, Os melhores poemas, São Paulo, Global, 1985, p. 216.

[18] Cassiano Ricardo, Lua cheia, em Poesias completas, Rio de Janeiro, José Olympio, 1957, p. 135.

[19] Luiz de Camões, Os Lusíadas, III, 113, 5-8.

[20] Carlos Drummond de Andrade, Reunião, Rio de Janeiro, José Olympio, 1969, pp. 257-8.

[21] Luiz de Camões, Rimas, Coimbra, Atlântica, 1973, p. 119.

[22] Luiz de Camões, Os Lusíadas, III, 133, 5-8.

[23] Aluisio de Azevedo, O cortiço, 13. ed., São Paulo, Martins, 1957, p. 42.

BIBLIOGRAFIA

BAKHTIN, Mikhail. *Marxismo e filosofia da linguagem*. São Paulo: Hucitec, 1979.

BARROS, Diana Luz Pessoa de. *Teoria semiótica do texto*. São Paulo: Ática, 1990.

_____. *Teoria do discurso:* fundamentos semióticos. São Paulo: Humanitas, 2000.

BENVENISTE, Emile. *Problemas de linguística geral*. São Paulo: Nacional/Edusp, 1976.

BERTRAND, Denis. Narrativité et discursivité. *Actes sémiotiques. Documents*. Paris: CNRS-EHESS, VI, 59, 1984.

BRÉAL, Michel. *Ensaio de semântica*. São Paulo: Educ/Pontes, 1992.

COURTÈS, Joseph. *Sémantique de l'énoncé:* applications pratiques. Paris: Hachette, 1989.

DUBOIS, Jacques *et al. Retórica geral*. São Paulo: Cultrix/ Edusp, 1974.

_____. *Retórica da poesia*. São Paulo: Cultrix/ Edusp, 1980.

DUCROT, Oswald. *Dizer e não dizer:* princípios de semântica linguística. São Paulo: Cultrix, 1977.

FIORIN, José Luiz. *O regime de 64:* discurso e ideologia. São Paulo: Atual, 1988.

_____. *As figuras de pensamento:* estratégias do enunciador para persuadir o enunciatário. *Alfa.* São Paulo: Unesp, 1988, n. 32, pp. 53-67.

_____. *As astúcias da enunciação:* as categorias de pessoa, espaço e tempo. São Paulo: Ática, 1996.

_____. *Linguagem e ideologia.* São Paulo: Ática, 2004.

GREIMAS, Algirdas Julien. *Semântica estrutural.* São Paulo: Cultrix/ Edusp, 1973.

_____. e COURTÈS, J. *Sémiotique.* Dictionnaire raisonné de la théorie du langage. Paris, Hachette, 1979.

_____. *Sobre o sentido:* ensaios semióticos. Petrópolis: Vozes, 1975.

_____. *Maupassant. A semiótica do texto:* exercícios práticos. Florianópolis: Editora da EFSC, 1993.

_____. *Du sens II:* éssais sémiotiques. Paris: Seuil, 1983.

_____; COURTÈS, Joseph. *Dicionário de semiótica.* São Paulo: Cultrix, s.d.

GROUPE D'ENTREVERNES. *Analyse sémiotique des textes.* Lyon: PUL, 1979.

HJELMSLEV, Louis. *Prolegômenos a uma teoria da linguagem.* São Paulo: Perspectiva, 1975.

LAUSBERG, H. *Elementos de retórica literária.* Lisboa: Gulbenkian, 1966.

PERELMAN, Ch. e OLBRECHTS-TYTECA, L. *Tratado de argumentação:* a nova retórica. São Paulo: Martins Fontes, 1996.

POTTIER, Bernard. *Linguística moderna y filologia hispánica.* Madri: Gredos, 1970.

GRÁFICA PAYM
Tel. [11] 4392-3344
paym@graficapaym.com.br